Árpád von Török, Karl Göndör

Frau Agnes

Ballade von Johnaan Arany

Árpád von Török, Karl Göndör

Frau Agnes
Ballade von Johnaan Arany

ISBN/EAN: 9783743304475

Hergestellt in Europa, USA, Kanada, Australien, Japan

Cover: Foto ©Thomas Meinert / pixelio.de

Manufactured and distributed by brebook publishing software (www.brebook.com)

Árpád von Török, Karl Göndör

Frau Agnes

FRAU AGNES.

BALLADE
von
JOHANN ARANY.

ABHANDLUNG
von
PROF. ÁRPÁD TÖRÖK v. PONOR.

AUS DEM UNGARISCHEN
ÜBERSETZT
von
KARL GÖNDÖR.

> „Das Eine verstand sie, dass man sie in den Kerker zurückführen will; aber das, was man von ihrem Gatten sagt, befremdet sie. Und was sagt man denn von ihrem Gatten? Man sagt, ihr Geliebter habe ihn ermordet. Agnes versteht dies nicht und dieses Nicht-verstehen beweist ebenfalls, dass sie an dem Morde unschuldig ist."
>
> August Greguss.

> „Was sich auf ihren Gatten, d. h. auf den Tod ihres Gatten bezieht, kommt ihr fremd vor, denn daran hatte sie ja keinen bewussten Antheil."
>
> August Greguss.

BUDAPEST.
DRUCK von MARTIN BAGÓ & SOHN.
1883.

Dem

GELEHRTEN

BIBELÜBERSETZER

HERRN

PROF. SAMUEL KÁMORY

FREUNDSCHAFTLICH

GEWIDMET

von

PROF. ÁRPÁD TÖRÖK VON PONOR.

Vorwort.

> „Nirgend macht sich die Phrase und der Dilettantismus so breit, wie in unserer aesthetischen Literatur; nirgend steht die aesthetische Literatur so schlecht, wie bei uns, nichts steht bei uns so schlecht, wie die aesthetische Literatur."
>
> „Pester Loyd." 1871. Nr. 62.

> „Das Wahre muss gleich genutzt werden; sonst ist es nicht da."
>
> Goethe.

Die Abhandlung, welche hier in deutscher Übersetzung vorliegt, ist nur ein losgelöstes Glied von der Kette wissenschaftlicher Arbeiten, welche ich seit einem Jahrzehend im Drucke erscheinen liess und welche allesammt die Oberflächlichkeit und Verschrobenheit züchtigen und mit den vereinten Waffen der Wissenschaft und Kunst die Stümperei befehden.

Die ungeschminkte Wahrheit, als deren Söldner ich zu schreiben begann, verstimmte alsbald jene Kreise, welche dem Grundsatze „*Loben, um gelobt zu werden!*" huldigen, in hohem Grade, da sie sich durch meine (Jahr aus, Jahr ein erneuerten) literarischen Scharmützel in ihrer süssen Ruhe unfreundlich gestört sahen. Den Kampf aufzunehmen, hatte man keine Lust; man hüllte sich lieber — vornehm thuend — in tiefes Schweigen. — „*Das ging nun so, so lang es ging*" kann auch in diesem Falle mit Lessing's „*Nathan*" gesagt werden. Da endlich auch das Todtschweigen nichts mehr half und man sich schliesslich doch (wenn auch knirschend und grollend) vor der Wahrheit beugen und demüthigen musste: so schickte man sich an, mich zu belehren, dass man, um wohl zu fahren und wohl gelitten zu sein, auch dort, wo es sich um wissenschaftliche Dinge handelt, nachsichtig sein und mitunter auch *fünf* eine *gerade* Zahl sein lassen müsse. — Ich achtete nicht auf diesen schnöden Rath, zog unverdrossen die gewohnten Pfade und gab den unberufenen Hofmeistern zum Trotz alsbald eine neue Schrift heraus, in welcher ich gewissen Scribenten, die uns die helle Freude an den herrlichen Dichtungen eines *Petőfi* durch ihre abgeschmackten, von geradezu erschreckender Beschränktheit zeugenden Nergeleien zu vergällen, leider Gottes! noch immer nicht müde werden, wiederholentlich die Leviten las.[1] — — Ich hatte die Genugthuung,

---

[1] „*A Petőfi-szobor leleplezésének emlékére. Budapesten. 1882.*" („*Zum Gedächtniss an die Enthüllung der Petőfi-Statue.*")

dass diese meine jüngste Schrift von Fachblättern und sonstigen Zeitschriften mit Anerkennung förmlich überhäuft wurde.¹)

Was nun insonderheit meine Abhandlung über *Arany's* „*Frau Agnes*" betrifft, so wurde ihr von Seiten des heimischen Lesepublicums eine sehr freundliche Aufnahme zu Theil. Es fand sich aber auch (ich beeile mich, es zu bekennen) ein *Thersites* unter den Achäern, eine übrigens gänzlich unbekannte Persönlichkeit, ein gewisser *Szalonnai* (wer kennt ihn?), der es für gut befunden hat, eine Lanze für *Greguss* ²) einzulegen und dabei den Mund ziemlich voll zu nehmen. ᾽Ιατρομαντἡς ἐκάλουν. Jedoch „*blinder Eifer schadet nur*!" — Seine Argumentation läuft ungefähr auf Folgendes hinaus: „Da bei *Greguss* auch solche Äusserungen angetroffen werden, aus welchen die Schuld der Frau *Agnes* hervorleuchtet: so können jene Stellen, wo behauptet wird, dass Frau *Agnes* am Morde *unschuldig* sei, nur eitel *Druckfehler* sein." — Es geht doch wahrlich nichts über diese *Naivetät*! — Es ist wohl wahr, dass bei *Greguss* hie und da auch solche Äusserungen vorgefunden werden, aus welchen

---

¹) „*Eine interessante kritische Studie über Petöfi und seine Poesie. Der Verfasser ist ein Verehrer Petöfi's und verfügt über so viel Kenntnisse, ist so sehr in allen Theilen der auf Petöfi Bezug habenden Literatur orientiert, dass er die den grossen Dichter geisselnden Krittler auf Schritt und Tritt verfolgt und in die Enge treibt, ihre Widersprüche, Verdrehungen hie und da wirklich mit ganzer Bravour enthüllt.*" So äusserte sich die von *Prof. Moritz Ballagi* in Budapest redigierte Wochenschrift: „*Protestáns egyházi és iskolai lap.*" (Siehe die am 22. October 1882. erschienene Nummer.) „*Das Heft ist sehr zeitgemäss. Jetzt, da das ganze Land, ja — so zu sagen — die ganze gebildete Welt Petöfi's Namen nennt und feiert, ist es sehr geziemend, dass wir Petöfi zum Gegenstand eingehender Studien machen, damit wir ihn, den auch die Schriftsteller im Ausland für einen der grössten Lyriker der Gegenwart halten, gehörig schätzen lernen. In dieser Hinsicht ist das erwähnte Heft von A. T. uns sehr behülflich.*" (Siehe die am 19. October 1882. erschienene Nummer des „*Kalocsai Néplap.*") „*Der Verfasser ist bestrebt denjenigen gegenüber, die ihrer beschränkten Denkweise zufolge unsern Petöfi verkennen, den Nimbus dieses Dichters noch glänzender erstrahlen zu lassen.*" (Siehe die am 30. September 1882. erschienene Nummer des „*Pécsi Figyelő*.") „*Da das Heft eine so schöne Studie enthält, so kann sein Unternehmen und unermüdliches Bestreben nur gelobt werden. Wir müssen diese Studie unsern Lesern schon desshalb anempfehlen, weil der Verfasser derselben auf dem Gebiete der Aesthetik viele Verkehrtheiten zu rectificieren berufen ist.*" (Siehe die am 21. October 1882. erschienene Nummer des „*Közművelődés.*") „*Der Verfasser bereicherte mit einem zur Erinnerung an die Enthüllung des Petöfi-Standbildes verfassten Werke die Petöfi-Literatur. Schon der erste Theil des Werkes legt glänzend den weiten Gesichtskreis des Verfassers dar.*" (Siehe die am 8. October 1882. herausgegebene Nummer des „*Bars.*") Siehe ausserdem „*Zalai tanügy*" (16. Octob. 1882.), „*Keszthely*" (8. Octob. 1882.), „*Felvidéki Közlöny*" (30. Septemb. 1882.), „*Zalai Közlöny*" (5. Octob. 1882.).

²) *Greguss* behauptet nämlich in seinen „*Erläuterungen*" („*Arany János balladái. Fejtegeti Greguss Ágost. Budapest. 1877.*") zu wiederholten Malen, dass *Frau Agnes* am Tode ihres Gatten keinen *bewussten* Antheil habe, dass sie an dem Morde *unschuldig* sei. Diese *wunderliche* Behauptung gab den Anlass zur Abhandlung, die hiemit dem Leser in deutscher Übersetzung geboten wird.

die Mitschuld des Weibes ersichtlich ist; diese unleugbare Thatsache bestätigt aber, leider, aufs Neue nur das Eine, was ich bereits in einer vor zwei Jahren erschienenen Schrift [1]) sattsam dargethan habe, dass nämlich *Greguss* zu jenen Schriftstellern gehöre, die es an *Widersprüchen* und allerlei Ungereimtheiten nicht mangeln lassen. Oder ist es etwa kein Widerspruch, wenn er z. B. die Grundidee eines Gedichts bald so, bald wieder so angibt? — In Bezug auf das Gedicht „*Mátyás anyja*" *(Mathias's Mutter")* sagt er das eine Mal, die Grundidee sei *„die Sehnsucht der Mutterliebe"*, das andre Mal sagt er hinsichtlich desselben Gedichtes, die Grundidee sei *„das Übermass der mütterlichen Sehnsucht."* Wie reimt sich das? — In Betreff der Ballade „*Árva fiú*" *(Der verwaiste Knabe)* sagt *Greguss*, der Grundgedanke sei folgender: „*Die Macht der Elternliebe, die nicht einmal der Tod bezwingen kann"*; — ein andres Mal sagt er von derselben Ballade, der Grundgedanke darin sei *„die Nothwendigkeit der Mutterliebe."* Welch ein verblüffender Widerspruch! — Betreffs der Ballade „*Ágnes asszony*" (Frau Agnes) sagt *Greguss* das eine Mal Folgendes: „*Das Auswaschen dessen, was nicht ausgewaschen werden kann, ist die Achse, um welche sich das ganze Leben der Frau Agnes dreht;"* — ein andres Mal heisst es bei ihm hinsichtlich *derselben* Ballade: „*Das Bild der das Leintuch waschenden Frau Agnes ist die Achse der ganzen Construction des Gedichts."* — Nach den hier angeführten Worten des Commentators ist also sowohl das *Auswaschen*, als auch das *Bild* die *Achse*, um die sich in der erwähnten Ballade Alles dreht! Wie ungereimt! — Auch muss hier die Geschmacklosigkeit der Metapher („das *Bild* der Frau Agnes ist die *Achse!)* Jedem sofort von selbst in die Augen springen. — Unrichtig ist auch der folgende bildliche Ausdruck: „*Dieser dreimal erklingende Grundton ist drei Grenzsäulen gleich, zwischen denen die ganze Begebenheit abfliesst."* [2]) — Wie konnte der Herr Commentator sich einfallen lassen, einen *Grundton* für *drei Grenzsäulen* anzusehen! — Die von *Gottschall* in seiner „*Poetik*" [3]) gerügten bildlichen Ausdrücke lässt der folgende Vergleich weit hinter sich: „*Die Kinder, die Gemahlin hören nicht auf zu hoffen, dass ihr Vater, ihr Gemahl nach Hause kommen werde, gleichwie der von heute auf morgen lebende* **Schwindsüchtige** (!!!)

---

[1]) „*Petőfi-e vagy Arany?* (Petőfi oder Arany?) *Budapest. 1881.*"

[2]) Wörtlich so im Original! „*Ez a háromszor megzendülő alaphang mintegy három határoszlop, melyek közt az egész esemény lefoly.*" (Siehe: „*Arany János balladái. Fejtegeti Greguss Ágost. 1877.*" S. 120.)

[3]) „*Poetik. Die Dichtkunst und ihre Technik. Vom Standpunkte der Neuzeit von Rudolf von Gottschall. Fünfte durchgesehene und verbesserte Auflage. Breslau. Verlag von Eduard Trewendt. 1882.*" Siehe: „*Über den Gebrauch des bildlichen Ausdruckes.*" — Dieser Abschnitt, welcher sich im ersten Band auf S. 190—208. befindet, verdient (wie überhaupt das ganze vortreffliche Werk) mit Musse gelesen zu werden.

fortwährend hofft, dass er genesen werde." — Kann es wohl etwas Abgeschmackteres geben, als ein (der Rückkunft ihres Gatten harrendes) *Weib* mit einem (die Rückkehr seiner Gesundheit hoffenden) *Schwindsüchtigen* zu vergleichen?! — Dieser nach Spittelsuppe schmeckende Vergleich beweist allein schon zur Genüge, dass der Herr Commentator keinen Geschmack besass und dass ihm somit auch die echte künstlerische Befähigung, welche ohne Geschmack undenkbar is, fehlte.[1])

Was soll man denn dazu sagen, dass der Commentator von *Hephaistos* berichtet, die Griechen hätten sich diesen ihren *Götterboten* mit *beflügelten* Füssen gedacht? — *Hephaistos*, der *lahme* Gott, ein *Herold* der Götter mit *Flügeln* an den Sohlen!!! — Und siehe da! dieser colossale Verstoss erlebte *zwei* Ausgaben, ohne von Jemand behelligt worden zu sein!²) —

Im Gedichte „*Die beiden Edelknaben Szondi's*" nennt *Ali*, der Türke, die Knaben „*zwei himmlische Sträuche nachtigallenstimmiger Rosen.*"³) So viel des Guten auf dem Gebiete der bildlichen Sprache wird wohl auch einer *türkischen* Phantasie nimmermehr gestattet sein. *Greguss* hat auch in Betreff dieser *Methapher* seine eigene Meinung. „*Die Türken* (sagt er) *haben ein berühmtes Gedicht „Gül und Bülbül"* (d. i. *Rose und Nachtigall*), *und somit ist es natürlich* (!), *dass Ali, beide Bilder vereinend, Szondi's Edelknaben nachtigallenstimmige Rosensträuche nennt.*"⁴) — Weil die Türken ein berühmtes Gedicht

---

¹) Hätte er Geschmack besessen, so hätte er von *Petöfi* im Jahre 1847. nicht behaupten können, „*er sei kein Dichter*" („*Petöfi pediglen poéta nem vala*"); auch hätte er, wenn er ein Mann von gutem Geschmack gewesen wäre, an den herrlichen Dichtungen *Petöfi's* ein aesthetisches Wohlgefallen finden müssen und nimmermehr schreiben können, „*er habe Petöfi's Gedichte gelesen und noch niemals grösseres Elend empfunden.*" („*Petöfi verseit elolvastam vala és ennél még nagyobb inségem nem vala.*" Siehe: „*Futár. Greguss Ákostul. Szarvason. 1847.*")

²) *Hephaistos* (statt *Hermes*) steht nämlich auch in der von *Moritz Kármán* besorgten *Schulausgabe*. „*A görögök Hephaistost, az istenek hirnökét, szárnyas lábúnak képzelték.*" (Jeles irók iskolai tára. Szerkeszti Dr. Kármán Mór. I. Arany János balladái. Budapest. 1877.) Auch dieser grossartige Schnitzer musste, wie, leider, schon so viele andre, erst von mir entdeckt werden! *Vier volle Jahre* blieb er unbemerkt! (Siehe: „*Petöfi-e vagy Arany? Budapest. 1881.*" S. 28.)

³) Wörtlich nach dem Original. „*Bülbül szavu rózsák két mennyei bokra.*"

⁴) „*A törököknek „Gül és Bülbül" (azaz: Rózsa és Csalogány) cimü hires költeményök van, s igy természetes, hogy Ali a két képet egyesitve Szondi apródjait csalogány szavu rózsabokroknak mondja.*" (Siehe: „*Arany János balladái. Fejtegeti Greguss Agost. Budapest. 1877.*" S. 179.) *Gustav Heinrich* übersetzt diese Stelle *freier* folgendermassen: „*Die Türken besitzen ein berühmtes Gedicht „Gül und Bülbül" (d. i. Rose und Nachtigall); es ist daher natürlich, wenn Ali, beide Bilder vereinend, die Sänger als mit Nachtigallengesang begabte himmlische Rosen rühmt.*" — Himmlische Rosen, die mit Nachtigallengesang begabt sind!!! Unnatur bleibt auch in dieser Façon Unnatur! Auch die orientalische Bilderfülle, *die* (wie *Gottschall* sagt) *sich um den dunklen Gedanken legt, wie Perle und Edelstein um das dunkle Teint*

„*Rose und Nachtigall*" [1]) besitzen, daher findet es der Herr Commentator *natürlich*, wenn beide Bilder zu einem *Nonsens vereint* werden! Der Herr Commentator sagt auf zehn vollen Seiten ein Langes und Breites über die Ballade „*V. László*" (Ladislaus der Fünfte) ohne auch nur zu ahnen, dass diese nach seiner Ansicht meisterhaft durchgeführte Ballade, leider, als *verunglückt* betrachtet werden muss, da Niemand das Räthsel, warum der König von seinem „*treuen*" Diener vergiftet wird, psychologisch zu lösen vermag.[2])

In seinem Aufsatze über „*Fruchtbare Kritik, unfruchtbare Dichtung*" kennzeichnet *Greguss* die Schreibart *Erdélyi's* folgenderweise; „*Kurz, er besitzt den Stil Buffon's, welcher der Mensch selbst ist.*" [3]) — Ist denn die Richtigkeit dieses Satzes „*Le style c'est l'homme*" über jeden Zweifel erhaben? *Börne* äussert sich darüber, wie folgt: „*Buffon sagt: le stile c'est l'homme. Ist dieser*

---

der Orientalin, muss, wenn sie von unsern Dichtern nachgeahmt wird, ihr *natürliches* Mass und ihre *natürlichen* Grenzen haben.
[1]) Der Herr Übersetzer, *Gustav Heinrich*, schreibt auf derselben Seite das Wort „*Nachtigall*" zweimal mit *einem* l und zweimal mit *zwei* l. („*Reden und Studien von Dr. August Greguss. Aus dem Ungarischen übersetzt von Dr. G. Heinrich. Zerbst. Verlag von E. Luppe's Buchhandlung. 1875.*" Siehe S. 5.) Der Herr Übersetzer nennt im „*Vorwort*" (auf der VII. Seite) seine Übersetzung eine „*etwas hastig geförderte Arbeit.*" Man merkt es. Auch in seinen (vermuthlich ebenfalls „*etwas hastig geförderten*") paar Schulbüchern kommt hie und da eine gar seltsame Orthographie zum Vorschein. So musste ich z. B. Hauptwörter auf ein und derselben Seite theils mit grossen, theils mit kleinen Anfangsbuchstaben geschrieben finden: ich fand ferner z. B. „*ich mag*" so gedruckt: „*ich mag'*" (apostrophiert!); auch traf ich den Imperativ: „*lass!*" zu wiederholten Malen also gedruckt an: „*lass'!*" (*apostrophiert!*): ich fand ferner die Wörter: „*verschrak, fürnehm (vornehm), Gebärde*" (althochd. *gibárida*) so gedruckt: „*erchrack*, **führnehm**, *Gebehrde*." u. s. w. u. s. w.
[2]) Siehe meine Schrift: „*Petőfi-e vagy Arany?*" S. 27—28. — Nach *Katona*, dem Geschichtschreiber, sollen *Georg Podiebrad* und *Rokicana* den König *Ladislaus V.* vergiftet haben, während der Dichter in seiner Ballade den König von seinem *Diener* vergiften lässt. Wird man daraus dem Dichter einen Vorwurf machen können? Durchaus nicht! Es stand dem Balladendichter frei, diesen Personenwechsel „*im aesthetischen Interesse*" vor sich gehn zu lassen. (Siehe: „*Poetik. Von Rudolf von Gottschall. Erster Band. 1882.*" S. 74. Siehe ferner mein „*Deutsches Lehr- und Lesebuch. Erster Band. 2. Auflage. Budapest. 1875.*" S. 210.) Dass der Dichter die Vergiftung des Königs in der Ballade mit keinem einzigen Worte *motiviert* hat, das ist es, was ihm von der Kritik nicht verziehn werden kann. Oder verstosst es etwa nicht *gegen die Logik des Naturgesetzes und gegen die des menschlichen Herzens*, wenn ein Diener, den der Dichter die Rolle eines „*treuen*" Menschen spielen lässt, schliesslich *ohne die geringste Ursache* seinen Herrn vergiftet? — Wie soll man hier auf die Spur des *ursächlichen* Zusammenhanges kommen? Nichts ist aber (wie Lessing sagt) anstössiger, als wovon wir uns *keine Ursache* geben können.
[3]) „*Reden und Studien. Von Dr. August Greguss. Aus dem Ungarischen übersetzt von Dr. G. Heinrich. Zerbst. Verlag von E. Luppe's Buchhandlung. 1875.*" Siehe S. 19. — „*Szórul, megvan az a buffoni stylje, mely az ember.*" (*Greguss Ágost tanulmányai. Második kötet. Pest. Kiadja Ráth Mór. 1872.*" S. 402.)

Satz richtig? Der Eine dichtet die zartesten Lieder und ist der grösste Grobian von Deutschland; [1]) der Andere macht Lustspiele und ist ein trübsinniger Mensch; der Dritte ist ein fröhlicher Mensch und schreibt *Nachtgedanken.*" U. s. w.[2]) — Es ist hier ferner zu bemerken, dass der als Citat so zu sagen zu Tod gehetzte Ausspruch „*Le style* [3]) *c'est l'homme*" bei *Buffon* nirgend vorkommt. *Buffon* sagt: „*Le style est de l'homme même.*"

Greguss macht in einem andern Aufsatze, der den Titel „*Über unsre Originalgenies*" führt, die zum mindesten überraschende Bemerkung, dass alle jene Dichter, die nach genauer Selbstprüfung zu bekennen gezwungen sind, dass sie keine *Studien* haben, versichert sein können, keine *Genies* zu sein.[4]) — Demnach wäre also das Vorhandensein oder Nichtvorhandensein des Genies vom Vorhandensein oder Nichtvorhandensein gewisser (gleichviel welcher) Studien bedingt! — Nun gut! Es sei! Dann ist es aber ein Widerspruch, wenn der Verfasser am Schlusse seines Aufsatzes sich also äussert: „*Wir können weder dafür, wenn wir Genie haben, noch dafür, wenn wir keines haben; und somit, wie der Mangel an Genie nicht unser Fehler sein kann, so kann auch der Besitz desselben nicht unser Verdienst sein.*" [5]) — Wenn (wie *Greguss*, gleichviel, ob mit Recht oder mit Unrecht, behauptet) nur dort *Genie* vorhanden sein kann, wo *Studien* vorhanden sind: so muss das Vorhandensein des Genies ein Verdienst sein. Oder sind etwa *Studien* in den Augen des Verfassers kein Verdienst? — Wo ist hier wieder die liebe Folgerichtigkeit geblieben?

Die „*Schlaf und Traum*" betitelte Abhandlung *Greguss's* enthält folgende läppische Anekdote, gegen die sich nicht nur der gute Geschmack, sondern auch der gesunde Menschenverstand verwahrt. „*Sollte man glauben, dass auch ein Sterblicher sich fand — und dies erzählt man von einem der ausgezeichnetsten, kenntnissreichsten Könige des vorigen Jahrhunderts —, der behauptete, dass das Schlafen bloss eine üble Gewohnheit sei, der die Menschen bloss aus Faulheit huldigen?* [6]) *Dieser König wollte seine Behauptung auch durch die That beweisen, indem er den*

---

[1]) Der *Grobian* bezieht sich offenbar auf *Heinrich Heine*.
[2]) „*Gesammelte Schriften von Ludwig Börne. 3. Theil. 2. Aufl. Hamburg. Hoffmann u. C. 1835.*" Siehe: „*Bemerkungen über Sprache und Stil.*"
[3]) Der Franzose schreibt auch heute noch *style*, nicht *stile*.
[4]) „*Mind azok a költőink, kik ömnagokkal öszintén számot retre kénytelenek elismerni, hogy tanulmányaik nincsenek, bizonyosak lehetnek abban, hogy nem lángelmék.*" („*Greguss Ágost tanulmányai. Elsö kötet. 1872.*" Siehe S. 235.) Vergl. *Gottschall's* „*Poetik. II. Band. 1882.*" S. 93—98.
[5]) „*Se arról nem tehetünk, ha van lángelménk, se arról, ha nincs, és igy, valamint nem lehet rétkünk a lángelme hiánya, ugy birtoka sem lehet érdemünk.*" („*Greguss Ágost tanulmányai. Elsö kötet. 1872.*" Siehe S. 236.)
[6]) So eine *Widersinnigkeit* hätte einer der *ausgezeichnetsten, kenntnissreichsten* Könige des vorigen Jahrhunderts geradezu *behauptet*?! — Wem will man dies weiss machen?

Entschluss fasste, sich diese schlechte, jedoch allgemein verbreitete, selbst bei den Thieren eingerissene ¹) *üble Gewohnheit abzugewöhnen. Die Kämmerer und Pagen schliefen der Reihe nach um ihn ein; immer andere musste man herbeischaffen, damit sie neben Seiner Majestät wachten und ihn sogleich weckten, sobald die böse Gewohnheit sich seiner bemächtigen wollte. Seine Majestät hielt wohl einige Tage und Nächte lang männlich Stand, aber was nach den unabänderlichen Gesetzen der allgewaltigen Natur erfolgen musste, erfolgte endlich: der König bemerkte eben spottend,*²) *dass er einen Sieg über die menschliche Schwäche errungen, als er matt und erschöpft in seinen Lehnstuhl zurücksank* ³) *— und am andern Tage von seiner Laune* ⁴) *geheilt war. Ein Glück, dass seine Leibesconstitution ihn vor den gefährlichen Krankheiten bewahrte, welche die andauernde Schlaflosigkeit zu erzeugen pflegt."* ⁵) — Dieses Märchen, von welchem gewiss Niemand sagen wird: „Se non è vero, è ben trovato," würde am besten in eine *Cretinenchronik* passen; in einer *Studie* ist es nicht am Platze, am allerwenigsten dann, wenn die betreffende Studie ins Deutsche mit der Absicht übersetzt wird, „*um auch den an die besten derartigen Leistungen der Weltliteratur gewöhnten deutschen Leser fesseln zu können.*" ⁶)

Anstatt vorerst in Betracht zu ziehen, dass Jemand auf einer hohen Stufe geistiger Reife stehen könne, ohne von der Natur mit einer künstlerisch schaffenden Phantasie (um z. B. Lieder dichten zu können) bedacht worden zu sein, und dass hinwieder bei einem sonst auf einer sehr niedrigen intellectuellen Stufe stehenden Individuum die reichste Phantasie und in Folge derselben

---

¹) „*Eingerissene*"!!! Siehe da, der gute König, angeblich einer der *ausgezeichnetsten* und *kenntnissreichsten*, meinte, (nein, noch mehr!) *behauptete*, die Thiere wären ursprünglich dem Schlafe nicht unterworfen gewesen und nur mit der Zeit sei auch in der Thierwelt die üble Gewohnheit des Schlafens eingerissen! — Hier gibt der Verfasser, ohne es in seinem heiligen Ernste, mit welchem er die läppische Historiette erzählt, zu bemerken, *eine unfreiwillige Komik* zum Besten.

²) „*Spottend*"! Er, der angeblich so *kenntnissreiche* König, verkennt die „*unabänderlichen Gesetze der allgewaltigen Natur*" und *spottet* ihrer! Wie thöricht!

³) „*Und schweigend und matt sank er selbst in ihren umhüllenden Schoss*" sagt *Herder* in „*Nacht und Tag.*" Siehe mein „*Deutsches Lehr- und Lesebuch*" (Német tan- és olvasókönyv). II. Band. 1873. S. 25. — Die Pointe der von *Greguss* erzählten Anekdote entpuppt sich als eine plumpe Nachahmung *Herder's.*

⁴) Also bloss eine *Laune*? Ob dergleichen Narrenlaunen für ein Belehrung suchendes ernstes Lesepublicum von Interesse sein können?

⁵) Siehe: „*Reden und Studien von Dr. August Greguss. Aus dem Ungarischen übersetzt von Dr. G. Heinrich. Zerbst. Verlag v. E. Luppe's Buchhandlung. 1875.*" S. 130—131.

⁶) Die eigenen Worte des Übersetzers. („*Reden und Studien von Dr. August Greguss. Aus dem Ungarischen übersetzt von Dr. G. Heinrich. Zerbst. Verlag von E. Luppe's Buchhandlung. 1875.*" Siehe das „*Vorwort.*")

der gewaltigste künstlerische Schaffungstrieb vorhanden sein könne, behauptet *Greguss* in einem die *Sprichwörter* abhandelnden Aufsatze, *„dass das Entstehen von Liedern bereits eine grössere Reife voraussetze, als die Entstehung von Sprichwörtern,"* [1]) und dass dem zufolge das *Sprichwort* älter sein müsse, als das *Lied*. *„Das Volk* (schreibt *Greguss* daselbst) *macht, so lange es ein Kind ist, Sprichwörter;* [2]) — *als Jüngling dichtet es;* [3]) — *als Mann philosophiert es."* [4]) — Falsch, grundfalsch! — Dies lässt sich mit *Greguss's* eigenen Worten beweisen. In einer seiner Studien [5]) wird nämlich in Bezug auf *das Sprichwort* Folgendes gesagt: *„Das Sprichwort enthält ursprünglich die Weltanschauung, die Lebensphilosophie, die Sittenlehre des Volkes."* — Nun aber ist weder die *Weltanschauung*, noch die *Lebensphilosophie*, noch die *Sittenlehre* eines Volks das Werk eines Augenblicks, sondern das Ergebniss eines langen *Entwicklungsprozesses*, das Resultat einer langen Erfahrung. Es müssen daher dort, wo Sprichwörter im Umlauf sind, mehr oder weniger *fortgeschrittene*, bis zu einem gewissen Grade bereits *entwickelte* Lebensverhältnisse vorausgesetzt werden; *Lieder* hingegen, da sie die Cultur nicht zur Vorbedingung machen, können auch die ungebildetsten, wildesten Völker haben, da das *Lied* dem Born des *Gefühls* und der *Phantasie* entquillt, während das Machen von *Sprichwörtern* (gleichviel, ob man sie in Prosa oder in Verse einkleidet) vorwiegend eine *Verstandesoperation* ist.

Todt lachen könnte man sich über folgende höchst sonderbare Behauptung: *„Lall streichelte sich bloss die Stirne, wenn er*

---

[1]) *„A dalok támadása már nagyobb érettséget (!) tesz föl, mint a menynyi a közmondásokhoz kell."* (*„Greguss Ágost tanulmányai*. 1872. *Második kötet."* S. 296.)

[2]) Als ob das Volk in seinen *Kinderjahren* ohne *Poesie*, ohne *Lieder* und *Märchen* wäre!

[3]) Als würde das Volk in seinem *Jünglingsalter* keine *Sprichwörter* mehr machen!

[4]) Und *dichtet* nicht mehr!!! *Greguss* scheint also wirklich der Ansicht gewesen zu sein, es könne eine Zeit kommen, wo die *Dichter* ausgestorben sein werden und das Volk aus lauter *Philosophen* bestehen werde! — — Wenn er doch folgenden herrlichen Vers gekannt hätte!

„Und singend einst und jubelnd
Durchs alte Erdenhaus
Zieht als der letzte Dichter
Der letzte Mensch hinaus." (*Anastasius Grün.*)

„Es ist keine inhaltlose Phantasie (bemerkt hiezu *R. v. Gottschall* in seiner trefflichen *„Poetik"*), *wenn Anastasius Grün behauptet, dass erst mit dem letzten Menschen der letzte Dichter von der Erde auswandern wird. In welche Bahnen auch die Menschheit getrieben werde, welche Interessen auch das Jahrhundert beherrschen mögen: das ist alles nur ein neuer und reicherer Stoff für den dichterischen Genius, der in die bunte Welt die eigene grosse Seele hineinschaut. Der Mensch bleibt ja ewig ihr Mittelpunkt, und erst mit dem Menschen stirbt die Poesie."*

[5]) *„Das Gesetz des Verses."* (Siehe: *„Reden und Studien von Dr. August Greguss. Aus dem Ungarischen übersetzt von Dr. G. Heinrich.* Zerbst.

einschlafen wollte; andere lassen sich den Rücken reiben. Mancher Mensch kann, besonders wenn er ein Ungar ist, nur rauchend einschlafen." [1]) — Eben so drollig wäre es, wenn Jemand sagen würde: „Mancher Mensch kann, besonders wenn er ein Russe ist, nur Branntwein trinkend einschlafen." — Wie kann man derlei Albernheiten zu Papier bringen?! — Greguss macht in einer seiner Abhandlungen folgende etwas auffallende Bemerkung: „Das schlechteste Werk wirkt ja gerade in Folge seiner Schlechtheit unterhaltend und ist daher interessant." [2]) — Jetzt weiss also der Leser, warum auch Studien manchmal unterhaltend sein können.

Greguss schrieb auch eine Abhandlung *über den Schmerz*. Darin äussert er sich über die *Statistik* folgendermassen: „*Die Statistik* bestimmt, *dass an diesem und jenem Orte im Laufe eines Jahres so und so viel Briefe geschrieben, so viel uneheliche Kinder geboren werden und so viel Selbstmorde vorkommen*, u. s. w. *Bei mir nun steht es, meine Briefe zu schreiben oder nicht zu schreiben; unzweifelhaft ist, dass ich, ob ich nun schreibe oder nicht, activ oder passiv auf jenes Jahresresultat mit einwirke, am Ganzen theilnehme.*" [3]) — Es ist wohl überflüssig eigens zu betonen, dass die Statistik weder die Anzahl der Briefe, die man irgendwo im Laufe eines Jahres schreiben wird, noch die Zahl der unehelichen Kinder, die während eines Jahres das Licht der Welt erblicken werden, noch die Zahl der Selbstmorde zu *bestimmen* vermag. Die Statistik kann wohl mehr oder weniger genau, je nach der Beschaffenheit der gesammelten Daten, z. B. angeben, wie viel Briefe hier und dort in einem Jahre geschrieben, wie viel uneheliche Kinder geboren, wie viel Menschen höchsteigenhändig in ein besseres Jenseits befördert worden sind, u. s. w.; derlei Dinge *vorherbestimmen* kann die Statistik nicht;

Verlag von E. Luppe's Buchhandlung. 1875." S. 304.) „*A nép világnézetét, életbölcseségét, erkölcstanát eredetileg a közmondás foglalja magában."* („*Greguss Ágost tanulmányai. Első kötet."* S. 376.)

[1]) „*Reden und Studien von Dr. August Greguss. Aus dem Ungarischen übersetzt von Dr. G. Heinrich. 1875."* Siehe S. 144. — „*Lall csak homlokát simogatta fölfelé, ha el akart aludni; mások hátokat dörzsöltetik; némely ember, kivált ha magyar, csak pipázva tud elálmosodni."* („*Greguss Ágost tanulmányai. Második kötet. 1872."* Siehe S. 315.)

[2]) „*Reden und Studien von Dr. August Greguss. Aus dem Ungarischen übersetzt von Dr. G. Heinrich. Zerbst. Verlag von E. Luppe's Buchhandlung. 1875."* Siehe: „*Schlaf und Traum."* S. 143. — „*Sőt a nagyon rosz munka épen roszaságánál fogva is mulattatóvá lesz s ennélfogva érdekel."* („*Greguss Ágost tanulmányai. Második kötet."* Siehe S. 315.)

[3]) „*Reden und Studien von Dr. August Greguss. Aus dem Ungarischen übersetzt von Dr. Heinrich. Zerbst. 1875."* Siehe S. 209. — „*A statistika* kiveti *(sic!), hogy itt meg itt egy-egy év alatt ennyi meg ennyi levelet irnak, ennyi törvénytelen gyermek születik, ennyi öngyilkosság történik, stb. Rajtam áll, megirom-e a magam leveleit vagy nem; mégis kétségtelen, hogy akár irom, akár nem, működőleg vagy tartózkodva, befolyok az évi eredményre, részt veszek az egészben."* („*Greguss Ágost tanulmányai. Második kötet. 1872."* Siehe S. 391.)

könnte sie das, so wäre es hinsichtlich der für das laufende Jahr bereits *bestimmten* Summe freilich ganz gleichgültig, ob dann Jemand z. B. seine Briefe im Laufe des betreffenden Jahres noch schreibt oder nicht. — „*Wir würden denjenigen auslachen, der uns vorschreiben wollte, wovon wir träumen sollen,*" sagt *Greguss* in seiner „*Schlaf und Traum*" betitelten Studie. [1]) Mit demselben Rechte würden wir jenen Statistiker verlachen, der uns *bestimmen* wollte, wie viel uneheliche Kinder man im Laufe eines Jahres in die Welt setzen werde oder wie viel Desperados sich eine Kugel vor den Kopf schiessen werden, u. s. w.

Dass *Greguss* in Bezug auf die Poesie Ansichten huldigte, welche sehr lebhaft an die Zeiten *Gottsched's* erinnern, möge folgendes Citat erhärten: „*Eben so ging auch, um nunmehr auf die eigentlichen* **Handwerke** *zu kommen, der Zimmermann dem Baumeister, der Töpfer dem Bildhauer, der Trommler dem Musikanten und, ich wage es hinzuzusetzen,* **der Redner dem Dichter** *voran.*" [2]) — Nach *Greguss* ist also die *Redekunst* als *Handwerk* der *Dichtkunst* vorangegangen! Wie ungereimt! Schade, dass *Greguss* nicht zugleich angedeutet hat, wen man wohl für den *rhetorischen* Vorgänger eines *Homer* halten müsse! — Da die Redekunst (wie schon der Name bezeugt) selbst eine Kunst ist, so konnte sie nicht als *Handwerk* der Dichtkunst vorangegangen sein. Die Redekunst setzt ferner ein bereits *entwickeltes* Staatsleben voraus, während die Poesie dies nicht unbedingt fordert; es muss demnach die Poesie auch aus diesem Grunde für *älter* gehalten werden, als die Redekunst, welche letztere von der Poesie auch sonst wesentlich verschieden ist.[3]) — *Greguss* widerspricht sich übrigens, leider, abermals, indem er in einer andern Abhandlung [4]) behauptet, dass „*der Vers in seiner Entwickelung*

---

[1]) „*Reden und Studien von Dr. August Greguss. Aus dem Ungarischen übersetzt von Dr. G. Heinrich. Zerbst. 1875.*" Siehe S. 167. — „*Ki is nevetnök az embert, ki meg akarná nekünk parancsolni, miről álmodjunk.*" („*Greguss Ágost tanulmányai. Második kötet. 1872.*" Siehe S. 341.)

[2]) „*Reden und Studien von Dr. A. Greguss.* Siehe S. 277. — „*Így előzte meg, hogy a roltaképi mesterségekhez menjünk át, az ács az építészt, a fazekas a szobrászt, a doboló a zenészt, hozzá merem tenni: a szónok a költőt.*" („*Greguss Ágost tanulmányai. Első kötet. 1872.*" Siehe S. 347.) Vielleicht gab zu dieser Ungereimtheit die folgende Stelle bei *Gerber* die Veranlassung: „*In diesem Sinne stände also etwa neben dem Baukünstler als Prosaiker der Maurer, neben dem Bildhauer der Steinmetz, neben dem Maler der Anstreicher, neben dem Musiker der signalisierende, die Murschbewegung regelnde Hornist, Trommler, neben dem Dichter endlich der Prosaist.*" („*Die Sprache als Kunst von Gustav Gerber. Erster Band. Bromberg. 1871.*" Siehe Seite 48.)

[3]) Siehe: „*Poetik. Die Dichtkunst und ihre Technik. Vom Standpunkte der Neuzeit von Rudolf von Gottschall. Erster Band. Fünfte durchgesehene und verbesserte Auflage. Breslau. Verlag von Eduard Trewendt. 1882.*" Seite 62.

[4]) „*Reden und Studien von Dr. August Greguss. Aus dem Ungarischen übersetzt von Dr. G. Heinrich. 1875.*" Siehe: „*Das Gesetz des Verses.*" S. 304. — „*A vers ennélfogva szintúgy megelőzi fejlődésében a prózát, miként*

eben so der Prosa vorangeht, wie die Dichtkunst der Wissenschaft." — Wenn also (nach *Greguss's* eigenen Worten) der *Vers* in seiner Entwickelung der *Prosa* vorangeht; „*wenn die Poesie älter ist, als die Prosa:*" ¹) wie kann da, frage ich, die *prosaische* Redekunst der in *Versen* verfassten Dichtkunst als *Handwerk* vorangegangen sein? — — Nach derlei Ungeheuerlichkeiten muss man förmlich Bedenken tragen, *Greguss's Studien* künftighin überhaupt *ernst* zu nehmen.

Genug! Ich glaube, meine Leser haben sich bereits sattsam davon überzeugt, dass einerseits das, was ich im Anfang behauptet habe, (dass nämlich *Greguss* zu jenen Schriftstellern gehöre, die es *an Widersprüchen und allerlei Ungereimtheiten* nicht mangeln lassen) auf vollständiger Wahrheit beruht, und dass andrerseits alles das, was uns das *Vorwort* ²) des Herrn Übersetzers von der angeblich „*allgemein anerkannten stilistischen Vollendung und Musterhaftigkeit* ³) *des Originals*" zu erzählen weiss, auf einem gewaltigen Irrthum beruht.

---

a költészet a tudományt." („*Greguss Ágost tanulmányai. Első kötet. 1872."* Siehe S. 376.)

¹) Siehe: „*Poetik. Von Rudolf von Gottschall. Erster Band. Breslau. 1882.*" S. 55.

²) „*Reden und Studien von August Greguss. 1875.*" Siehe das „*Vorwort,*" wo auch z. B. berichtet wird, „*die Vorträge und Abhandlungen, welche meist hochinteressante Momente oder Probleme der Philosophie, Aesthetik und Literatur behandeln, enthielten genug des Eigenartigen, Selbständigen und Anziehenden, um auch den an die besten derartigen Leistungen der Weltliteratur gewöhnten deutschen Leser fesseln zu können.*" — Daselbst: „*Die vorliegenden Reden und Studien sind nicht nur in formeller Beziehung, als künstlerisch abgerundete und stilistisch rollendete Essays, beachtenswerth, sondern bieten auch inhaltlich manches Neue und vieles Anregende.*" — Meine Leser wissen bereits, was sie von diesen (angeblich in jeder Beziehung vollendeten, in Wirklichkeit aber von läppischen Einfällen und erstaunlichen Ungereimtheiten strotzenden) *Essays*, welche obendrein gleich wie Mumien so trocken sind, zu halten haben.

³) Nicht einmal in rein *sprachlicher* Hinsicht sind *Greguss's* Schriften ganz correct, was zu beurtheilen der Herr Übersetzer freilich nicht in der Lage war, da ja sein eigenes Schulbüchlein („*Német balladák és románczok.* Magyarázta *Heinrich Gusztáv. 1879.*") von sprachlichen Fehlern wimmelt. — Fehlerhaft ist es, wenn *Greguss* z. B. so schreibt: „*Az apród jö risszu és jelenti.*" Der Ungar sagt entweder: „*Az apród risszajö és jelenti*" oder: „*Visszajö az apród és jelenti.*" — Fehlerhaft ist z. B. auch folgender Satz: „*A bárdok dalát örökké hallani fogja*" statt: „*örökké fogja hallani."* — Incorrect ist auch folgender Satz: „*A nérhatározót is bajos másik sorba húzni el a név mellöl*" statt: „*A nérhatározót is bajos a másik sorba a nér mellől elhúzni.*" — Auch folgender Satz ist nicht richtig: „*Az egy fö metszeten kivül fordulhatnak elő mellékmetszetek*" statt: „*Az egy fömetszeten kivül előfordulhatnak mellékmetszetek is.*" — Fehlerhaft ist auch die folgende Construction: „*A* **párosság** *szépsége, melyet a vers olyképen létesit, hogy a benne földolgozott anyag a nyelv tartalmának egyes elemeit, akár egyen-egyen, akár csoportosan, egymással* **párosan** *szembe állitja*" statt: „*egymással párosan állitja szembe."* — Ein fremdartiges Gepräge hat auch folgender Satz: „*Ez az —ég végzés fordul elö* (= kommt vor) *eme szavakban is*" statt: „*elö-*

Wenn *Greguss* nach dem bisher Gesagten nur für einen *mittelmässigen* Schriftsteller gelten darf, wie kommt es, dass er nichtsdestoweniger zwei volle Jahrzehende hindurch in der ungarischen Literatur eine hervorragende, gewissermassen tonangebende Rolle spielen konnte? — Dies hatte er (wenn ich nicht irre) wohl zuvörderst seiner im gesellschaftlichen Leben überhaupt und in seinem Wirkungskreise insbesondere entfalteten ausserordentlichen Liebenswürdigkeit, aber auch (und zwar nicht zum geringsten Theil) seiner entschiedenen Vorliebe für die Mittelmässigkeit zu verdanken; — denn während er kein Bedenken trug, einem *Petőfi* gelegentlich einen Tritt zu versetzen, [1]) war er gegen *mässige* Talente stets die Zuvorkommenheit und Herzensgüte selbst. — Was Wunder, dass die *Mittelmässigkeit*

---

fordul" u. s. w. — Unrichtig ist auch folgender Satz: *„Az eszközöket pedig, melyekkel az élő lény működik, nerezik szerveknek"* statt: *„szerveknek nerezik."* (Siehe: *„Greguss Ágost tanulmányai. Második kötet."* S. 302.) Schlecht construirt ist auch folgender Satz: *„Alcás közben az érzékenység ha nem is szűnik meg végképen, de mégis oly mértékben csökken"* statt: *„ha nem szűnik is meg végképen"* u. s. w. (Siehe: *„G. Á. tanulmányai. Második kötet.* S. 306.) Erbärmlich ist folgende Construction: *„Azonkivül ily eltünő álomkép nem is mindig van lelkünk előtt"* statt: *„nincs is mindig lelkünk előtt."* (Siehe: *„G. Á. tanulmányai. Második kötet."* S. 353.) Auch in Betreff der ungarischen Etymologie ist *Greguss* nicht untadelhaft. So leitet er z. B. *öblöget* von **öb-öb** ab, während doch das *Frequentativum* (welches nämlich ausdrückt, dass Jemand oder dass etwas wiederholentlich *öb* macht) *öblöget* (nicht *öblöget!*) heisst. Auch hätte er z. B. nimmermehr *kapzsi* schreiben sollen, da entweder *(phonetisch) kabzsi* oder *(etymologisch) kapsi* geschrieben werden muss.

[1]) *Maxime du Camp* hielt in der am 23. December 1880. stattgefundnen Sitzung der französischen Akademie eine Denkrede über seinen Vorgänger *Saint-René Taillandier*, welcher unter anderen ausländischen Dichtern auch von *Petőfi* Mehreres ins Französische übertragen hat. *(„La poésie hongroise au XIX. siècle. Extrait de la Revue de deux mondes. Paris, 1863. Michel-Lévy frères.")* Die Stelle, in welcher *du Camp* dies erwähnt, lautet folgendermassen: *„Die Poesie hat kein Vaterland; auch sie kann sich universell nennen; — Taillandier weiss es und er leiht sein Ohr den Gesängen, die aus dem Kaukasus kommen, den Melodien, die in der Pusta erklingen, nächst den Karpathen, an den Ufern der Donau: er lauscht den Strophen Lermontoff's und* **Alexander Petőfi**'s*; gleich einem treuen Echo wiederholt er diese harmonischen Laute und lehrt uns, sie lieben. Die beiden Dichter, denen er die französische Naturalisation gewährt, waren dieser Ehre würdig. Beide trugen gleich dem Fiedler Volker in den Nibelungen das Schwert und handhabten es mit Kraft. Gleich ihm sollten auch sie eines gewaltsamen Todes sterben. Nicht bloss das tragische Geschick dieser jungen Leute erregt die Aufmerksamkeit Taillandier's; es ist nicht bloss der eigenartige Duft, der ihren Versen entströmt, gleich den Blumen, die auf den Bergesgipfeln sich erschliessen: nein, etwas Erhaberenes zieht ihn an und fesselt sein Interesse. Durch die Gesänge Lermontoff's, sowie diejenigen* **Petőfi**'s*, weht ein Hauch der Freiheit, der in sozusagen unbewusster Weise vibriert, wie die äolische Saite unter der Thätigkeit des Windhauchs erzittert."* .... So spricht von *Petőfi* ein Franzose. Hören wir nun, wie gerade zu derselben Zeit über *Petőfi* einer seiner Landsleute, nämlich *August Greguss*, urtheilte! In der General-Versammlung der Kisfaludy-Gesellschaft, welche am 6. Februar, 1881. stattgefunden hat, hielt *Greguss* als Vicepräsident eine Rede, in welcher er, nachdem

ihren *Schutzherrn* mit Begeisterung auf ihre breiten Schultern nahm und ihn hoch hielt?¹)

Zu guter Letzt ein Wort an Sie, geehrter Herr Szalonnai! Sie thun, als ob Sie die Weisheit mit Löffeln gegessen hätten.

---

er vorausgeschickt hatte, dass er auf seiner literarischen Laufbahn *die meiste Zeit im Dienste der Kritik zugebracht habe*, das Folgende sagte: „*Die Kritik ist gleichbedeutend mit der Freiheit. Die Autokraten lieben natürlich die Kritik nicht: die Dichter aber sind meistens Autokraten. Als Autokrat ist der Dichter der Vertreter der Tyrannei, wenn er auch ein Sänger der Freiheit ist, wie* **Petőfi**; *während der Kritiker der Vertreter der Freiheit ist.*" (Siehe: „*Egyetértés*" 7. Febr. 1881.) Nach dem Wortlaute des Citates sind also die Dichter (mit geringer Ausnahme) Autokraten und als solche sind sie Repräsentanten der Tyrannei, während die Kritiker durch die Bank Vertreter der Freiheit sind. *Petőfi* ein Vertreter der *Tyrannei* und *Greguss*, der im Jahre 1847. den Sänger der Freiheit, unsern *Petőfi*, in einer *soi-disant* Kritik τυραννικῶς zu vernichten beabsichtigte, aber zum Glück dem Dichterfürsten nichts anhaben konnte, ein Vertreter der Freiheit! Welch stupende Verkehrtheit!

¹) Wie sehr *Greguss* den *mittelmässigen* Scribenten (ohne auf den Mahnruf: „*Mediocribus esse poetis non homines, non di, non concessere columnae*" zu hören) mit ganzer Seele zugethan war, davon gibt uns seine in der vorigen Anmerkung erwähnte Rede einen genügenden Beweis. „*Die arme Mittelmässigkeit* (sagte Greguss) *wird oft, wenn sie mit aufrichtiger Seele dem Genie huldigt, gegen sich selbst ungerecht, indem sie das Verdienst des Genie's überschätzt und ihr eigenes gering achtet. Es ist auch wahrlich schwer zu entscheiden, ob derjenige unsres Dankes würdiger ist, welcher uns mit Confect aufwartet, oder derjenige, welcher uns Brot bietet? ob wir demjenigen mehr Dank schulden, welcher mit seiner Flamme einen blendenden Schein verbreitet und mitunter auch zündet, oder demjenigen, welcher gleichmässig leuchtet und erwärmt?*" — Er sah demnach die *Genies* einerseits bloss für harmlose *Luxusbäcker* an, andrerseits aber für gemeinschädliche Individuen, die da *blenden* und mitunter auch *zünden!* — Wie hätte er bei derlei Ansichten einem Genie vom Schlage eines Petőfi hold sein können?! — Sehr bezeichnend für seine Denkungsart im Allgemeinen und insbesondere für seine muthig zur Schau getragene seltsame Vorliebe für die Mittelmässigkeit ist jener Passus in seiner Rede, wo er die *Mittelmässigen* beruhigt, dass sie nichts zu fürchten haben, da sie unbesiegbar seien. „*Die Mittelmässigkeit unmöglich machen? Alles Andre ist eher unmöglich, als die Mittelmässigkeit. Gerade die Mittelmässigkeit ist es, ohne welche nichts möglich ist, und wenn die Genies die Welt in Brand stecken würden, so wären sicherlich die Mittelmässigkeiten die Feuerlöscher, die sie retten würden. . . . . Das* **Genie** *ist ein* **Feldherr**, *die* **Mittelmässigkeit** *ist der* **gemeine Soldat**, *der durch seine Tapferkeit den Sieg erringt.* **Ehret die gemeinen Soldaten!**" (d. h. mit andern Worten: *Ehret die mittelmässigen Musiker, ehret die Wasserpoeten, ehret die Farbenverquister*, u. s. w. — Siehe: *Greguss's* Rede in der am 7. Februar 1881. erschienenen Nummer des „*Egyetértés.*") Dass am Kunsthimmel ein *einziger* Stern *erster* Grösse mehr ist, als *tausend* Sternlein *dritter, vierter* oder *fünfter* Grösse; dass z. B. ein *Beethoven* in der Musik unendlich mehr bedeutet, als ein *ganzes Heer* von *mittelmässigen* Tonsetzern; dass z. B. in der Epik ein *Homer* unvergleichlich mehr werth ist, als *ganze Legionen mittelmässiger* Epiker, u. s. w.: scheint, leider, weder dem (der Mittelmässigkeit auf Kosten der Genies mit voller Hand Weihrauch streuenden) Redner, noch seinen Zuhörern, die der Verherrlichung der Mittelmässigkeit Beifall klatschten, vorgeschwebt zu haben. (Ach hätte der Redner in Betracht ziehen sollen, dass in einem Lande, wo das öffentliche Lob nicht dem Vorzüglichen, sondern dem Mittelmässigen zu Theil wird, Alles allmählich zur Mittelmässigkeit hinab sinken muss.)

Notis es derisui! Aus jeder Ihrer Zeilen guckt die hier unten in der Anmerkung so sehr belobte „*arme Mittelmässigkeit*" hervor. Sie glauben etwa, dass ich mich mit Ihnen in ein Colloquium einlassen werde? — Vor Colloquien habe ich nie Furcht gehabt;[1]) doch mit Ihnen eine Discussion zu beginnen, wäre thöricht. Eher will ich Wasser in die blaue Donau oder Holz in den Bakonyer Wald tragen.

Budapest, am 15. April, 1883.

Prof. Árpád Török v. Ponor.

---

[1]) Ich erinnere mich stets mit Freude und mit einem gewissen Selbstgefühl jener Colloquien, die ich als Hörer Dr. *Wilhelm Gärtner's*, des *Dramendichters*, (siehe: „*Geschichte der deutschen Literatur von Heinrich Kurz. IV. Band.*") zu bestehen hatte. Der eben genannte geistreiche, phantasie- und gefühlvolle Gelehrte schrieb in Bezug auf jene Colloquien in meinen „*Index lectionum*" folgende Worte: „ *War einer meiner fleissigsten, strebsamsten, in jeder Hinsicht musterhaftesten Zuhörer und hat auch in einem* **mehrstündigen** *Colloquium sehr erfreuliche Fortschritte bewiesen.*"

ÁGNES ASSZONY.

Von
JOHANN ARANY.
(Im ungarischen Original.)

1. Ágnes asszony a patakban
Fehér lepedőjét mossa;
Fehér leplét, véres leplét
A futó hab elkapdossa.
Oh irgalom atyja, ne hagyj el!

2. Oda gyűl az utcagyermek:
Ágnes asszony, mit mos kelmed?
Csitt te! csitt te! csibém vére
Keveré el a gyolcs-leplet.
Oh irgalom atyja, ne hagyj el!

3. Összefutnak a szomszédnők:
Ágnes asszony, hol a férjed?
Csillagom, hisz ott ben alszik!
Ne menjünk be, mert fölébred.
Oh irgalom atyja, ne hagyj el!

4. Jön a hajdu! Ágnes asszony,
A tömlöcbe gyere mostan.
Jaj galambom, hogy mehetnék,
Míg e foltot ki nem mostam!
Oh irgalom atyja, ne hagyj el!

5. Mély a börtön: egy sugár szál
Oda férni alig képes;
Egy sugár a börtön napja,
Éje pedig rémtűl népes.
Oh irgalom atyja, ne hagyj el!

6. Szegény Ágnes naphosszanta
Néz e kis világgal szembe,
Néz merően... a sugárka
Mind belefér egy fél szembe.
Oh irgalom atyja, ne hagyj el!

7. Mert alighogy félre fordul,
Rémek tánca van körüle:
Ha ez a kis fény nem volna,
Ugy gondolja, megőrülne.
Oh irgalom atyja, ne hagyj el!

8. Ím azonban, idő telve,
Börtönének zárja nyílik:
Ágnes a törvény előtt áll;
Megáll szépen, a hogy illik.
Oh irgalom atyja, ne hagyj el!

9. Öltözetjét rendbe hozza,
Kendőjére fordít gondot,
Szög haját is megsimítja,
Nehogy azt higyék: megbomlott.
Oh irgalom atyja, ne hagyj el!

10. Hogy belép, a zöld asztalnál
Tisztes őszek ülnek sorra;
Szánalommal néznek ő rá,
Egy se mérges vagy mogorva.
Oh irgalom atyja, ne hagyj el!

11. Fiam, Ágnes, mit miveltél?
Szörnyű a bün, terhes a vád.
Ki a tettet végrehajtá,
Szeretőd ím maga vall rád.
Oh irgalom atyja, ne hagyj el!

12. Ő bitón fog veszni holnap,
Ő, ki férjedet megölte;
Holtig vizen és kenyéren
Raboskodva bűnhödöl te.
Oh irgalom atyja, ne hagyj el!

13. Körültekint Ágnes asszony,
Meggyőződni ép eszérül;
Hallja a hangot, érti a szót;
S míg azt érti, meg nem őrül.
Oh irgalom atyja, ne hagyj el!

14. De a mit férjéről mondtak,
A szó oly visszásan tetszik;
Az világos csak, hogy őtet
Haza többé nem eresztik.
Oh irgalom atyja, ne hagyj el!

15. Nosza sírni kezd, zokogni,
Sürü záporkönye folyván:
Liliomról pergő harmat,
Hulló vízgyöngy hattyu tollán.
Oh irgalom atyja, ne hagyj el!

16. Méltóságos nagy uraim!
Nézzen istent kegyelmetek:
Sürgetős munkám van otthon,
Fogva én itt nem ülhetek.
Oh irgalom atyja, ne hagyj el!

17. Mocsok esett lepedőmön,
Ki kell e vérfoltot vennem:
Jaj, ha e szenny ott maradna,
Hová kéne akkor lennem!
Oh irgalom atyja, ne hagyj el!

18. Összenéz a bölcs törvényszék
Hallatára ily panasznak.
Csendesség van. Hallgat a száj,
Csupán a szemek szavaznak.
Oh irgalom atyja, ne hagyj el!

19. Eredj haza, szegény asszony!
Mosd fehérre mocskos lepled.
Eredj haza! Isten adjon
Erőt ahhoz és kegyelmet!
Oh irgalom atyja, ne hagyj el!

20. S Ágnes asszony a patakban
Lepedőjét újra mossa;
Fehér leplét, tiszta leplét
A futó hab elkapdossa.
Oh irgalom atyja, ne hagyj el!

21. Mert hijába tiszta a gyolcs,
Benne többé semmi vérjel:
Ágnes azt még egyre látja,
S épen úgy, mint akkor éjjel.
Oh irgalom atyja, ne hagyj el!

22. Viradattól késő estig
Áll a vizben, széke mellett:
Hab zilálja rezgő árnyát,
Haja fürtét kósza szellet.
Oh irgalom atyja, ne hagyj el!

23. Holdvilágos éjjelenkint,
Mikor a viz fodra csillog,
Maradozó csattanással
Fehér sulyka messze villog.
Oh irgalom atyja, ne hagyj el!

24. És ez így megy évrül évre,
Télen nyáron szünet nélkül,
Harmat arca hő napon ég,
Gyönge térde fagyban kékül.
Oh irgalom atyja, ne hagyj el!

25. Őszbe fordul a zilált haj,
Már nem holló, nem is ében;
Torz alaku ránc verődik
Szanaszét a sima képen.
Oh irgalom atyja, ne hagyj el!

26. S Ágnes asszony a patakban
Régi rongyát mossa, mossa;
Fehér leple foszlányait
A szilaj hab elkapdossa.
Oh irgalom atyja, ne hagyj el!

FRAU AGNES.
Von
JOHANN ARANY.
(Ins Deutsche übertragen von KARL GÖNDÖR.)

1. Weisses Leintuch wäscht Frau Agnes,
   Wäscht es in der reinen Quelle;
   Weisses Leintuch, blut'ges Leintuch
   Haschet behend die wilde Welle.
   O barmherziger Gott, verlass mich nicht!

2. Gassenbuben gaffen, fragen:
   „Was, Frau Agnes, waschet Ihr drinnen!"
   „Ruhig, ruhig! Hühnchens Blut nur
   Hat besudelt mir das Linnen!"
   O barmherziger Gott, verlass mich nicht!

3. Auch die Nachbarweiber nahen:
   „Agnes, sag', wo ist dein Gatte?"
   „Geht nicht weiter! Wecket ihn nicht!
   Drinnen schläft er auf der Matte."
   O barmherziger Gott, verlass mich nicht!

4. Häscher kommen: „Auf, Frau Agnes,
   Kerkers Gruft wird dich empfangen!"
   „Freunde, seht, ich kann nicht gehen,
   Eh der Fleck nicht ausgegangen!"
   O barmherziger Gott, verlass mich nicht!

5. In den tiefen Kerker windet
   Kaum ein Lichtstrahl sich durchs Fenster;
   Kerkers Tag ist nur ein Dämmern,
   Kerkers Nacht ist voll Gespenster.
   O barmherziger Gott, verlass mich nicht!

6. Arme Agnes schaut vom Morgen
   Bis zum Abend, schauet immer,
   Schauet starr hin, kaum **ein** Auge
   Saugt sich satt am matten Schimmer.
   O barmherziger Gott, verlass mich nicht!

7. Doch sobald sie weg sich wendet,
   Drohen ihr Gespensterheere;
   Müsst' dem Wahnsinn schier verfallen,
   Wenn das bischen Licht nicht wäre.
   O barmherziger Gott, verlass mich nicht!

8. Erst nach langen Tagen, Nächten
   Thut sich auf des Kerkers Pforte:
   Vor Gericht erscheint sie artig,
   Wie es passt an solchem Orte.
   O barmherziger Gott, verlass mich nicht!

9. Bringt ihr Röckchen hübsch in Ordnung,
   Auch das Tuch zurecht sie rücket,
   Glättet ihre schwarzen Haare :
   Niemand sag', sie sei verrücket!
O barmherziger Gott, verlass mich nicht!

10. Tritt nun vor. Am grünen Tische
    Sitzen würdevolle Greise,
    Keiner mürrisch, keiner zornig; —
    Mitleid herrscht im ganzen Kreise.
O barmherziger Gott, verlass mich nicht!

11. „Weibchen Agnes, was verbrachst du?
    Schrecklich sind ja deine Thaten!
    Deine Mitschuld hat der Mörder,
    Dein Geliebter, selbst verrathen."
O barmherziger Gott, verlass mich nicht!

12. „An dem Galgen stirbt er morgen,
    Der getödtet deinen Gatten,
    Dich verbirgt bei Brot und Wasser
    Lebenslang des Kerkers Schatten."
O barmherziger Gott, verlass mich nicht!

13. Forschend blickt umher Frau Agnes,
    Ob sie darf den Sinnen trauen;
    Da sie noch versteht die Worte,
    Bebt sie nicht vor Wahnsinns Grauen.
O barmherziger Gott, verlass mich nicht!

14. Doch die Kunde von dem Gatten
    Klingt ihr seltsam, ungeheuer;
    Klar ist Eins nur: nimmer darf sie
    Heim zu ihres Herdes Feuer.
O barmherziger Gott, verlass mich nicht!

15. Bricht in Weinen aus und Schluchzen,
    Und es rollen ihre Thränen,
    Wie der Thau von Lilien perlet,
    Wasserschmuck von weissen Schwänen.
O barmherziger Gott, verlass mich nicht!

16. „Hört mich an, ihr hohen Herren,
    Und erfüllet mein Verlangen;
    Habe Arbeit, muss nach Hause,
    Kann nicht sitzen hier gefangen."
O barmherziger Gott, verlass mich nicht!

17. „Denn mein Laken ward besudelt; —
    Doch der Makel muss draus weichen;
    Wenn der Blutfleck drinnen bleibet,
    Wird's zum Heil mir nicht gereichen."
O barmherziger Gott, verlass mich nicht!

18. Staunend sehn sich an die Richter,
    Da sie hören solche Klagen;
    Stille herrscht; die Lippen schweigen :
    Doch die Augen Alles sagen.
O barmherziger Gott, verlass mich nicht!

19. „Armes Weib, geh heim und wasche
    Weiss das blutbefleckte Linnen,
    Gebe Gott dir seine Gnade,
    Gebe Kraft dir zum Beginnen!"
O barmherziger Gott, verlass mich nicht!

20. Und Frau Agnes wäscht ihr Leintuch
    Für und für nun in der Quelle,
    Weisses Leintuch, reines Leintuch
    Hascht behend die wilde Quelle.
O barmherziger Gott, verlass mich nicht!

21. Doch umsonst ist rein der Laken
    Und des Blutes Mal verschwunden:
    Denn sie schaut's noch grad' wie damals
    In des Mordes grausen Stunden.
O barmherziger Gott, verlass mich nicht!

22. Früher Morgen, später Abend
    Sieht sie dort im Wasser stehen;
    Auf der Welle bebt ihr Schatten,
    Kraus im Wind die Locken wehen.
O barmherziger Gott, verlass mich nicht!

23. Selbst des Nachts, bei Mondenscheine
    Wenn der Schaum des Wassers flimmert,
    Sieht man, wie nach jedem Schlage
    Ihr geschwungnes Waschholz schimmert.
O barmherziger Gott, verlass mich nicht!

24. Und von Jahr zu Jahr so geht es,
    Winter, Sommer, rastlos wieder!
    Sonnengluth verbrennt ihr Antlitz,
    Frost erstarrt die schlaffen Glieder.
O barmherziger Gott, verlass mich nicht!

25. Grau sind schon die wirren Haare,
    — Einst so kohlenschwarz, wie Raben, —
    Fratzenhafte Runzeln hässlich
    Sich in ihre Wangen graben.
O barmherziger Gott, verlass mich nicht!

26. Und sie wäscht zerfetztes Linnen,
    Wäscht es fürder in der Quelle,
    Weissen Leintuchs lose Fäden
    Hascht behend die wilde Welle.
O barmherziger Gott, verlass mich nicht!

FRAU AGNES.

ABHANDLUNG
von
Prof. ÁRPÁD TÖRÖK von PONOR.

AUS DEM UNGARISCHEN ÜBERSETZT
von
KARL GÖNDÖR.

Wer Arany's „*Frau Agnes,*" diese seine *vorzüglichste* Ballade, deren kunstvollen Bau selbst die strengste Kritik bewundernd anerkennen muss, auch nur ein einziges Mal in einem Zuge mit Aufmerksamkeit durchgelesen hat, der wird es keinesfalls gutheissen können, dass der Commentator von *Arany*'s Balladen Frau *Agnes* in seinen Erläuterungen so beschönigt darstellt, als ob sie an der Ermordung ihres Gatten *unschuldig* wäre, [1] — als ob sie an dem Tode ihres Mannes keinen *bewussten* Antheil hätte.[2] Dem Gedichte selbst (und man muss und darf doch nur von diesem ausgehn) lässt sich die Unschuld der Frau *Agnes* so wenig entnehmen, dass man darüber höchlich erstaunen muss, wie es dennoch geschehen konnte. Gleich in der ersten Strophe lässt uns der Dichter ahnen, dass *Agnes*, die Hauptfigur der Ballade, an der Ermordung ihres Gatten *nicht unschuldig*, sondern in hervorragender Weise daran *betheiligt* sein müsse.

> *Weisses Leintuch wäscht Frau Agnes,*
> *Wäscht es in der reinen Quelle,*
> *Weisses Leintuch, blut'ges Leintuch*
> *Hascht behend die wilde Welle.*
> *O barmherziger Gott verlass mich nicht!*

Frau Agnes wäscht (wie der im letzten Verse enthaltene Seufzer verräth) ihr blutiges Leintuch nicht mit leichtem Herzen

---

[1] „*Und dieses Nichtverstehen beweist ebenfalls, dass sie an dem Morde unschuldig ist.*" („Jeles irók tára. Herausgegeben von Moritz Kármán. I. Johann Arany's Balladen. Erläutert von August Greguss. Budapest, 1877." Siehe S. 64. — „*Zweite vermehrte und verbesserte Auflage. Herausgegeben von Ladislaus Néry. Budapest. 1880.*" Siehe S. 85.)

[2] „*Was sich auf ihren Gatten, d. h. auf den Tod ihres Gatten bezieht, kommt ihr fremd vor, denn daran hatte sie ja keinen bewussten Antheil.*" („Johann Arany's Balladen. Erläutert von August Greguss. Budapest, 1877. Grössere Ausgabe." Siehe S. 129.)

und ruhigem Gewissen, da der Blutfleck, den sie auswaschen will, nicht nur der That des Geliebten, sondern auch ihrer eigenen entstammt. Ist Frau Agnes *unschuldig* an dem vergossenen Blute, was sucht sie dann mit dem *blutigen* Leintuch am *Bache*? Hätte der Dichter Frau *Agnes, die Unschuldige,* mit dem *blutigen* Leintuche als „*corpus delicti*" nicht eher vor Gericht zur pflichtmässigen Anzeige des Mordes erscheinen lassen müssen, als am Bache? — — Dass nicht Agnes, der *körperlich schwächere* Theil, sondern der *physisch stärkere* Mann den schlafenden Gatten erschlagen, ist sehr wahrscheinlich; es ist auch glaublich, dass der Geliebte ganz *allein* die blutige Arbeit verrichtete und hiebei thätlicher Hilfe von Seite *Agnes's* nicht bedurfte: aber darf darum *Agnes unschuldig* genannt werden? Keineswegs! War sie denn wider die Ermordung ihres Gatten? hat sie dieselbe verhindert? War nicht sie es, die dem Geliebten zu ihrem schlafenden Manne den Eingang verstattete? ja, war sie denn nicht selbst eine stumme Zeugin des Mordes, wo es ihr nur ein Wort gekostet hätte, um den Gatten zu wecken und die Bluttat zu vereiteln? („*Qui tacet, consentit.*") Wer kann da noch dafür sein, dass *Agnes* an dem Tode ihres Gatten *unschuldig* sei, dass sie daran keinen *bewussten* Antheil habe? — —

Doch wir können noch weiter gehen, wenn es beliebt, und können erwägen, dass der Geliebte der Frau *Agnes* kaum den Muth gefunden hätte zu einem so entsetzlichen Unternehmen, dessen Erfolg noch dazu, falls der Schlafende aufwacht, sehr in Frage gestellt war, wenn Frau *Agnes* mit ihm nicht einverstanden gewesen wäre, wenn sie ihn nicht ermuthigt, dazu getrieben hätte. — Wie, wenn der erste Gedanke an den Mord gerade im Gehirne der Frau *Agnes* entstanden? — — Der Geliebte der Frau *Agnes* ist als *unverheiratheter* Mann [1]) an Niemand gebunden; er bedarf des Ehebundes nicht, um in den Armen der *schönen* [2]) Frau glücklich zu sein; ganz anders aber verhält es sich mit *Agnes*. Sie ist das Weib eines Mannes, den sie nicht liebt, den sie nicht schätzt, mit dem sie nicht leben mag; so dass sie ihre Ehe nur als eine Fessel betrachtet, die sie um jeden Preis los sein will, um ganz und gar dem und mit dem leben zu können, zu dem sie sich hingezogen fühlt, den sie liebt. In wessen Kopfe entstand daher der finstere Gedanke, den Gatten aus dem Weg zu räumen?

---

[1]) Man könnte fragen, woraus ich schliesse, dass er *unverheirathet* sein müsse? — Der Gattenmord geschah offenbar zu dem Zwecke, damit *Agnes,* nachdem sie ihre Freiheit wiedergewonnen, den heirathen könne, mit dem sie noch bei Lebzeiten ihres Mannes verbotener Liebe pflog. Daraus ergibt sich von selbst, dass man an einen *Unverheiratheten* denken muss.

[2]) Ihre verführerische Schönheit lassen folgende Verse ahnen:

„*Bricht in Weinen aus und Schluchzen,*
Und es rollen ihre Thränen,
Wie der Thau von Lilien perlet,
Wasserschmuck von weissen Schwänen."

Offenbar im Kopfe der als *unschuldig* hingestellten Frau *Agnes*; so dass der Geliebte zur Ausführung des blutigen Gedankens nur seinen starken Arm herzuleihen hatte. — —

Dass Frau *Agnes* das blutige Leintuch unter den Martern eines schuldbeladenen Gewissens wäscht, lässt uns der Dichter gar lebhaft inne werden und gar mächtig fühlen durch den im Schlussvers jeder Strophe enthaltenen Seufzer: „*O barmherziger Gott, verlass mich nicht!*" In wessen Brust wird nicht dieser Refrain immer und immer wieder die Überzeugung wachrufen, dass Frau *Agnes* eine grosse Sünderin sein müsse? — Litte Frau *Agnes unschuldig*, müsste da Gottes Barmherzigkeit den so oft umsonst wiederholten Seufzer nicht endlich doch erhören?

Die Antwort, welche sie auf die in der 2. Strophe enthaltene Frage der Gassenbuben gibt, verräth ebenfalls ihren dem Schuldbewusstsein entsprungenen Schrecken:

„*Ruhig, ruhig! Hühnchens Blut nur
Hat besudelt mir das Linnen!*"

Sie hat wohl Ursache zu verheimlichen, wie der Blutfleck eigentlich entstanden ist! Wäre *Agnes* an dem Tode ihres Gatten *unschuldig*, hätte der Geliebte den Mord ohne ihr Wissen und ohne ihren Willen begangen: was wäre dann natürlicher, als dass sie mit moralischem Ekel sich von dem blutbefleckten Geliebten abwende, dass sie in laute Klagen ausbrechend den Mörder ihres Gatten verfluche und die Bande der sündigen Liebe zerreissend gegen den ruchlosen Verbrecher als Klägerin auftrete und keinen Augenblick mit ihm unter *einem* Dache weile?! *Agnes* thut dies Alles nicht! Sie weiss wohl, warum! An dem Tode ihres Gatten trägt auch sie Schuld! Darum mahnt sie die Buben, welche sie umstehen, zum Schweigen (*„Ruhig, ruhig!"*); und damit man die Sache auf sich beruhen lasse, greift sie zu der einfältigen Lüge, dass der Fleck im Leintuche von Hühnerblut herrühre.

Aus der Antwort, die sie den Nachbarweibern gibt, und die uns ihre Beziehungen zu dem schrecklichen Verbrechen nahelegt, meint man auch nur die Stimme des bösen Gewissens zu vernehmen.

*Auch die Nachbarweiber nahen:
„Agnes, sag', wo ist dein Gatte?"
„Geht nicht weiter! Wecket ihn nicht!
Drinnen schläft er auf der Matte!"*

Die Nachbarweiber erblicken das blutige Leintuch und fragen sofort kategorisch nach dem Gatten, da ihnen Frau *Agnes* des Gattenmordes verdächtig erscheint.

Bei den Fragen der Gassenbuben und der Nachbarweiber, was sie denn wasche und wo ihr Mann sei, glaubt sie sich noch mit Lügen behelfen zu können; aber die Angst ihrer schuldbeladenen Seele steigert sich von Augenblick zu Augenblick, und die

Stimme des Gewissens klagt sie immer lauter an; und als die
Häscher erscheinen, um sie in den Kerker abzuführen, verwirrt
sie ihr Schuldbewusstsein derart, dass sie bereits ihre eigene Ver-
rätherin wird.

> *Häscher kommen: „Auf Frau Agnes,*
> *Kerkers Gruft wird dich empfangen!"*
> *„Freunde, seht, ich kann nicht gehen,*
> *Eh der Fleck nicht ausgegangen."*

Wäre Frau *Agnes* an dem Tode ihres Gatten nicht mitschuldig; hätte sie nicht im Vereine mit ihrem Geliebten den
Mordplan geschmiedet; wäre sie überhaupt mit dem Geliebten
nicht gleichen Sinnes gewesen: wahrlich, sie hätte dann vor den
sie abführenden Häschern ihre Unschuld betheuern müssen. Thut
dies *Agnes?* Nein! Als Mitschuldige fragt sie mit keinem einzigen
Worte, warum man sie einkerkert; als Schuldgenossin findet sie
es in der Ordnung; sie bittet nur um Aufschub, damit sie das
blutige Leintuch (diesen Beweis ihrer Mitschuld) zuvor reinwaschen könne, und glaubt, es werde ihr dann auch gelingen, sich
selbst vor dem Gerichte reinzuwaschen.

> *„In den tiefen Kerker windet*
> *Kaum ein Lichtstrahl sich durchs Fenster;*
> *Kerkers Tag ist nur ein Dämmern,*
> *Kerkers Nacht ist voll Gespenster."*

Die eingekerkerten Mörder pflegen Nachts von schreckhaf-
ten Träumen heimgesucht zu werden. Aus dem Schlafe fahrend
dräuen ihnen von den Wänden gespenstige Gestalten. Es sind die
Schatten der Ermordeten! Auch in der Seele der verhafteten
Frau *Agnes* tauchen Nachts blutige Erinnerungen auf; der Geist
des ermordeten Gatten erscheint ihr allmitternächtlich im Traume
und schreckt sie.

Nach Beendigung des Gerichtsverfahrens verkündet ihr der
Gerichtshof das Urtheil. Und was für ein Spruch wurde gefällt?
Wurde Frau *Agnes* auch von den Untersuchungsrichtern, wie vom
Commentator der Ballade, an dem Morde *unschuldig* befunden?
O nein! Der Gerichtshof musste im Gegentheil zu der Überzeu-
gung gelangen, dass ihre Schuld „*schrecklich,*" dass sie *mitschul-
dig* an dem Tode ihres Gatten sei.

> *„Weibchen Agnes, was verbrachst du?*
> *Schrecklich sind ja deine Thaten!*
> *Deine Mitschuld hat der Mörder,*
> *Dein Geliebter, selbst verrathen."*

Der Schuld folgt natürlich die entsprechende Strafe auf
dem Fusse; der Geliebte, als der eigentliche Mörder, wird zum
Tode, *Agnes* aber, weil sie in Bezug auf das begangene Verbrechen mit ihrem Geliebten einverstanden war, zu lebenslänglichem

Kerker bei Wasser und Brot verurtheilt, welche Strafe fast härter erscheint, als die Hinrichtung selbst; so dass man auch aus diesem an Grausamkeit streifenden Urtheile dreist folgern kann, die gerichtliche Untersuchung habe mit Gewissheit ergeben, dass der Mordplan gegen den Gatten von *Agnes* ausgegangen war, dass sie ihren Geliebten ermuthigte, beredete und zur Vollführung des Verbrechens anspornte. Oder haben vielleicht auch die Richter (wie der Commentator der Ballade) auf ihre Unschuld erkannt und in Folge dessen das nachstehende sonderbare Urtheil geschöpft: „*Der Mörder ist nicht Agnes, sondern ihr Geliebter; er führte die That aus, er erschlug den Gatten; ja noch mehr, er ist es, der feige, nichtswürdige Ausflüchte suchend, wider Agnes belastend zeugt, wider sein Opfer, das er verführte, das er schonen und möglicherweise zu befreien trachten sollte, an das er sich nun klammert, um es mit sich in den Abgrund zu reissen; — indem der Geliebte der Frau Agnes so vorgeht, erweist er sich als einen gewöhnlichen Verbrecher, der unsres Bedauerns unwürdig ist; aber bei seiner Niederträchtigkeit erscheint uns Agnes desto* **erhabener, ja unschuldig** *und unser Mitleid mit ihr wird nur grösser:*" [1]) derohalben verkündet das hochnothpeinliche Gericht hiemit die *Sententiam*, dass ihr Geliebter dem Tode verfalle, Frau *Agnes* aber, alldieweil sie nach Befund der Sache *unschuldig* ist und sintemal sie an der Ermordung ihres Gatten keinen bewussten Antheil genommen, lebenslänglich bei Wasser und Brot im Kerker büsse!!! Dass ein Gerichtshof, der ein sothanes Urtheil fällen würde, nicht im Verdacht stehen könnte, an salamonischer Weisheit zu laborieren, braucht wohl kaum eigens erwähnt zu werden. — — —

„*Dich verbirgt bei Brot und Wasser,*
Lebenslang des Kerkers Schatten."

So urtheilen in der Ballade die am grünen Tische sitzenden ehrwürdigen Greise, die nicht darum so ein hartes Urtheil fällen, als ob sie der Frau *Agnes* feindlich gesinnt wären (*„keiner mürrisch, keiner zornig; Mitleid herrscht im ganzen Kreise"*); sondern weil es sich herausstellte, dass Frau *Agnes* nicht nur *nicht unschuldig*, sondern sogar im höchsten Grade *schuldbeladen* ist. Das Blut des scheusslich ermordeten Gatten schrie um Rache: die Richter konnten das Verbrechen nicht der verdienten Strafe entziehn. Über die denkbar grösste Unthat mussten sie natürlich die denkbar grösste Strafe verhängen. Als Richter, als Hüter des Rechts und Diener der Gerechtigkeit, erfüllten sie nur ihre traurige Pflicht, als sie so urtheilten, wie sie eben urtheilten. — Dass sie den einmal gefällten Urtheilsspruch wieder zurückziehen, ge-

---

[1]) Dies sind *Greguss*'s eigene Worte. Siehe: „*Johann Arany's Balladen. Erläutert von August Greguss. Budapest. 1877. Grössere Ausgabe.*" S. 128.)

schieht nicht desshalb, als ob vielleicht nachträglich die *Unschuld* der Frau *Agnes* zu Tage getreten wäre, sondern einfach aus dem Grunde, weil sie bemerken, dass das Strafurtheil Gottes ihnen zuvorgekommen ist, dass die Nemesis sie schon ereilt hat: Frau *Agnes* ist *wahnsinnig* geworden. — Nach dieser entsetzlichen Katastrophe hat auch die spezielle Strafe von Seiten der Richter keinen Sinn und keinen Zweck mehr; was sollten sie auch noch strafen an einer Wahnsinnigen? — Der Umstand, dass in der Ballade *Gott* selbst als der Rächer auftritt,[1]) gestaltet sich für den Commentator zur grössten Niederlage. Menschen können irren und auch Unschuldige verurtheilen: aber der, der selbst die Wahrheit ist, kann nimmer irren und nie den *Schuldlosen* treffen! — —

Aus dem Bisherigen ist für Jedermann ersichtlich, dass man sich in der meisterhaften Ballade *Arany*'s nicht um Alles in der Welt Frau *Agnes* an der Ermordung ihres Gatten *unschuldig* denken dürfe, da nach dem Gesagten Folgendes der Thatbestand ist:

Frau *Agnes* ist ihrem Manne untreu. Sie hat einen Geliebten. Sie wünscht den Tod ihres Gatten, damit sie nichts mehr hindere, mit dem Geliebten endgiltig vereint zu werden. Sie dringt in den Geliebten, dass er ihren Gatten ermorde. Der Geliebte folgt ihren Worten und räumt den Mann aus dem Wege. Damit das blutige Leintuch nicht zum Verräther ihres gemeinsamen Verbrechens werde, eilt Frau *Agnes* an den Bach, um es auszuwaschen. Die Blutthat wird ruchbar. Beide ereilt die Strafe: der Mörder wird hingerichtet, seine Genossin aber wahnsinnig, und der Todesengel erlöst erst nach langen, qualvollen Jahren das unglückliche Weib, das von entsetzlicher Geistesnacht umflort ein bemitleidenswerthes Greisenalter erreicht.

* * *

Auch die Malerkunst stellt *Arany*'s „*Frau Agnes*" als Schuldgenossin dar. Die Ballade hat einen unsrer heimischen Künstler, *Bartholomäus Székely*, zur Schöpfung dreier Bilder begeistert. Das erste Bild veranschaulicht die Scene, wie um finstrer Nachtzeit eine Frau beim gespenstigen Lichte einer Kerze das blutige Leintuch von einem leeren Bette zieht, während im Hintergrunde eine männliche Gestalt einen Leichnam zerrt; das zweite Bild zeigt eine wahnsinnige Frau, die in sternenheller Sommernacht am Bache ein Leintuch wäscht; — auf dem dritten Bilde erblickt man ein von Irrsinn zerrüttetes betagtes Weib, das in Winterszeit

---

[1]) Im Munde des ungarischen Volkes lebt das Sprichwort: „*Wen Gott schlagen will, dem nimmt er den Verstand.*" (*„A kit Isten meg akar verni, annak elveszi az eszét."*) Die von Verstand gekommene Frau *Agnes* erscheint somit als unmittelbar von *Gottes* Hand gestraft.

beim Dämmerlicht den schleissigen Überrest eines Leintuchs wäscht.

Betrachten wir etwas näher das erste der drei Bilder, als dasjenige, welches uns aus gegenwärtigem Anlass am meisten interessiert. Dieses Bild führt uns das prägnanteste, inhaltsvollste Moment vor Augen, *aus welchem*, (um mich der Worte Lessing's zu bedienen) *das Vorhergehende und Folgende am begreiflichsten wird*. Wir werden gewahr, dass ein Mord geschehen ist; wir sehen, dass ein Mann und eine Frau die Missethäter sind; wir erfahren, dass der Mann die Bergung der Leiche auf sich genommen, während die Frau das blutige Leintuch auszuwaschen beabsichtigt, damit es nicht die Mordthat verrathe. Kann der Betrachter dieses Bildes auch nur einen Augenblick daran zweifeln, dass die Frau, die das blutige Leintuch vom Bette reisst, einverstanden ist mit dem Manne, der den Leichnam aus dem Zimmer schleppt? — Wie wollte sich Jemand, der an die Unschuld der Frau *Agnes* glaubt, psychologisch zurechtlegen, dass die angeblich unschuldige Frau nach geschehenem Mordeum den erschlagenen Gatten sich gar nicht kümmert und nur auf das Reinwaschen des blutigen Leintuchs bedacht ist? Wie soll man sich das erklären, dass Agnes, die an der Ermordung des Gatten angeblich nicht mitschuldig ist, nicht nur schweigend zusieht, wie der Mörder den Leichnam ihres Mannes davonschleppt, sondern aus eitel Wohlwollen und Sympathie für den Mörder sich auch noch eilends anschickt, die Blutspuren zu verwischen, damit nur ja nicht irgendwie die Mordthat an den Tag und der Mörder an den Galgen komme? — Löse uns Jemand dieses Räthsel, oder man lasse uns aus dem Vorhergehenden dreist folgern, dass Frau Agnes mit dem Geliebten ganz und gar einverstanden war und daher Mitschuld an dem Tode ihres Mannes trägt. — Hätte der Künstler Frau *Agnes* als unbetheiligt an dem Morde darstellen wollen, dann wäre er wahrlich anders vorgegangen. Dann sähen wir auf dem ersten Bilde *Bartholomäus Székely's* ein Weib so dargestellt, wie es auf das Haupt des (den Leichnam ihres Gatten zerrenden) Mörders den Fluch Gottes herabbeschwört; dann stünde nicht auf dem ersten Bilde eine solche Frauengestalt vor uns, die sich anschickt, das blutige Bettzeug auszuwaschen, sondern wir würden ein den Tod des erschlagenen Gatten heftig beweinendes Weib erblicken, wie sie mit dem Finger auf den Mörder weist, als ob sie in laute Klagen ausbrechend also spräche: *„Du hast ihn erschlagen! Ich bin unschuldig an seinem Blute! Für diese Missethat sollst du dich vor Gericht verantworten!"* So oder ähnlich hätte der Künstler die an dem Tode ihres Gatten *„unschuldige"* Agnes darstellen müssen; er wusste aber, warum sie nicht auf diese oder ähnliche Weise dargestellt werden dürfe.

Der Künstler wollte nämlich, dass der Betrachter seines Bildes *Arany's „Frau Agnes"* wieder erkenne; mit einem Worte

er malte sein Bild nach *Arany's* Ballade ; der Dichter aber wollte
(wie dies im ersten Theile der Abhandlung erwiesen wurde) Frau
Agnes an der Ermordung ihres Gatten keineswegs *unschuldig*,
sondern im Gegentheile *schuldig* erscheinen lassen. *Bartholomäus
Székely* fasste daher *Arany's* Ballade richtig auf, als er sein Bild
so entwarf, dass die Mitschuld des Weibes sofort in die Augen fällt.

* * *

Wer, wie *Greguss,* das Unmögliche versuchend Frau *Agnes*
rein zu waschen bestrebt ist und sie mit aller Gewalt im Flügelkleide der Unschuld uns vorführen will, der ist selbstverständlich
bemüssigt, die ganze Schuldlast auf des Geliebten Schultern zu
wälzen und diesen in den schwärzesten Farben darzustellen, obschon von diesem Geliebten, den der Dichter mit feinem Gefühle
gar keiner weiteren Aufmerksamkeit würdigt, in der Ballade nur
Folgendes gesagt wird:

„**Deine Mitschuld** *hat der* **Mörder,**
Dein Geliebter, *selbst verrathen.*"

* * *

„*An dem Galgen stirbt er morgen,*
Der **getödtet** *deinen Gatten.*"

Aus diesen Zeilen kann man nur soviel herauslesen, dass
ihr Geliebter vor dem Untersuchungsrichter sich selbst als den
Mörder bekannte und dass er, als man im weiteren Verlaufe des
Verhörs in ihn drang, er möge angeben, auf welche Art und
Weise er den Mord begangen und ob er einen Helfershelfer gehabt habe, nicht umhin konnte einzugestehn, dass Frau *Agnes*
mit ihm einverstanden war.

Soviel und nicht mehr besagen die citierten Verse! Der
Commentator von *Arany's* Balladen glaubt aber trotzdem mit
aller Bestimmtheit zu wissen, dass der Geliebte der Frau *Agnes*
ein *feiger, niederträchtiger* Mensch war, „*der unsres Mitleids gar
nicht würdig ist.*" Wenn er ihre Mitschuld nicht verrathen hätte,
wenn er selbst die Sterne vom Himmel wegläugnend verstockt
den Untersuchungsrichtern vorgelogen hätte, dass Frau *Agnes*
an der Ermordung ihres Gatten keine Schuld treffe: dann wäre
er kein *feiger,* kein *niederträchtiger* Mensch, dann wäre er „*unseres Mitleids würdig*"; weil er aber aufrichtig war, weil er die
Wahrheit sagte, weil er endlich in sich gehend Alles so gestand,
wie es geschehen: desshalb wird ihm vom Commentator der Ballade der Stempel der Feigheit und Niedertracht auf die Stirne
gedrückt; desshalb zeigt er sich (nach *Greguss's* Ansicht) nur
„*als ein gewöhnlicher Verbrecher, der unsres Bedauerns nicht*

würdig ist."[1] Wahrlich, jeder Untersuchungsrichter müsste an seiner Berufsaufgabe verzweifeln, wenn diese Ansicht bei der menschlichen Gesellschaft allenthalben Billigung und Unterstützung fände! — Wie denn auch nicht?! Der Untersuchungsrichter pflegt ja dem Verbrecher, wenn dieser sich weigert, ein Geständniss abzulegen, vorzustellen, dass seiner eine schwerere Strafe harret, wenn er verstockt läugnet, und dass er nur in dem Falle ein milderes Urtheil zu erwarten hat, wenn er reuig ein vollkommenes Geständniss ablegt. — Der *Commentator* von *Arany's* Balladen verfährt auf die entgegengesetzte Weise. Er verurtheilt den Geliebten der Frau *Agnes* eben desswegen *strenger*, weil dieser — den Tod vor Augen — den Untersuchungsrichter nicht anführen wollte, sondern Alles der Wahrheit gemäss gestand; er nennt ihn eben darum einen *feigen*, *nichtswürdigen* Menschen, weil derselbe es vorgezogen hat, reuevoll ein offenherziges Geständniss abzulegen, als mit einer Lüge belastet den Weg zur Richtstatt anzutreten. Sollte *Greguss* nicht gewusst haben, dass die Ethik entschieden verbietet, dass die *mitschuldige* Frau *Agnes* (lügenhafterweise als *unschuldig* hingestellt) der strafenden Hand der Gerechtigkeit entschlüpfe?

Aber nicht einmal vom rein *logischen* Standpunkte ist die Forderung des *Commentators*, dass nämlich der Geliebte das mitschuldige Weib nach Kräften entlasten und möglichst befreien hätte sollen,[2] berechtigt. — Entlasten, nach Möglichkeit befreien! Aber was? Hätte er ihren *Körper* oder ihre *Seele* von der Strafe befreien sollen? Was nützt es, wenn er auch die irrsinnige *Agnes körperlich* befreit, wenn das Leben für sie ohnehin *Gefangenschaft* bedeutet, von welcher nur der *Tod* erlöst? — Oder hätte er vielleicht durch Lügengespinnste ihre *Seele* retten, von dem Blutfleck reinigen können! Mit nichten! Wie hätte sie der Geliebte vor dem Gerichte durch irgendwelche Lügen reinwaschen können, wenn sie selbst vor dem Richterstuhle ihres eigenen Gewissens das blutige Leintuch nicht reinzuwaschen vermag?! Was hätte es auch genützt, wenn es dem Geliebten gelungen wäre, ihre Unschuld zu erlügen, da doch der Blutflecken unauslöschlich an ihrer Seele haftet? — Das Geständniss des Geliebten, wie auch das richterliche Urtheil konnte auf ihr Schicksal von keinem Einfluss mehr sein; denn nicht das führte ihr unsägliches Unglück herbei, nicht darum wurde sie wahnsinnig, weil der Geliebte gegen sie aussagte und sie in Folge dessen verurtheilt wurde, sondern darum, weil ihr eigenes böses Gewissen gegen sie aussagte und sie verurtheilte. Frau *Agnes* ist unter der Last ihres eigenen Schuldbewusstseins erlegen.

---

[1] Siehe: „*Johann Arany's Balladen. Erläutert von A. Greguss. Budapest. 1877. Grössere Ausgabe.*" S. 128.

[2] „*A kit kimélnie kellene, lehetőképen megszabadítania.*" (Siehe „*Arany János balladái. Fejtegeti Greguss Ágost. 1877.*" S. 123.)

Doch nehmen wir an, der Herr *Commentator* habe in der That Recht (dass es nämlich dem Geliebten nicht erlaubt war, gegen *Agnes* auszusagen, dass es seine Pflicht gewesen wäre, Frau *Agnes* zu befreien), und untersuchen wir, ob es denn auch möglich gewesen wäre, die Richter von ihrer Unschuld zu überzeugen! Nachdem der Geliebte gestanden hatte, er sei der Mörder, musste doch eine der allernächsten Fragen sein, auf welche Weise er Nachts in das Zimmer gelangte; wenn es versperrt war, wer es ihm aufgeschlossen habe; wenn aber die Thür unverschlossen war, wer dieselbe offen gelassen habe? War es nicht *Agnes*, mit welcher der Mörder ein schon längst allbekanntes Liebesverhältniss hatte? — Weiter wirft sich die Frage auf, ob er den Gatten im Schlafe oder im wachen Zustande ermordet habe? Dem Gatten der Frau *Agnes* in mörderischer Absicht an den Leib zu gehen, wenn dieser *wach* war, wäre sehr unbedacht gewesen; denn der Angegriffene hätte ja sowohl um Hülfe rufen, als auch sich mannhaft vertheidigen und dadurch den Mordanschlag vereiteln können. Es war also ein Gebot der Vorsicht, dass man ihn im Schlafe ermorde; in diesem Falle drängt sich wieder naturgemäss die Frage auf, wer es dem Mörder zu wissen gab, dass der Mann schon schlafe, dass er somit schon ins Zimmer treten und die blutige That vollbringen könne? War es nicht die mit dem Mörder durch ein verbotenes Liebesverhältniss eng verbundene Frau *Agnes*? — Es entsteht ferner die Frage, was wohl Frau *Agnes* zu derselben Zeit that, als der Mord geschah? Hat sie etwa geschlafen? Wenn dem so war, wie kam es, dass sie nicht erwachte und dass sie nicht um Hilfe rufend dem Bösewicht entgegentrat? Oder gab sie desshalb keinen Laut von sich, weil sie mit dem Mörder, als ihrem Geliebten, einverstanden war und Alles nach gemeinsamer Übereinstimmung vollbracht wurde? Oder war Frau *Agnes* vielleicht gar nicht zu Bette gegangen, damit sie nach dem Morde alsbald bei der Hand sei, um das „*corpus delicti*," das blutige Leintuch, auszuwaschen? — Was soll der Geliebte auf alle diese Fragen antworten, um Frau *Agnes* zu befreien? — Oder hätte er beim Verhöre, um *Agnes* zu retten, zu der Lüge greifen sollen, sie sei gar nicht daheim gewesen, als er ihren Gatten erschlug? Gut, warum entfernte sie sich gerade damals von Hause? wo war sie denn und was suchte sie Nachts anderswo? mit was rechtfertigt sie, dass sie den Mord nicht zur Anzeige brachte und den Tod des Gatten verheimlichte? warum eilte sie mit dem blutigen Leintuche zum Bache? Was hätte wohl der Geliebte auf diese Fragen zusammenlügen sollen, damit er dem Wunsche des Herrn Commentators gemäss Agnes nach Möglichkeit befreie? —

Aus den angeführten Fragen erhellt, dass der Mörder, falls er auch versucht hätte, Agnes durch Erdichtungen und Lügen zu befreien, bald zur Einsicht gebracht worden wäre, dass dies ein eitles Bestreben sei und ihm sonach nichts übrig bleibe, als ein aufrichtiges Geständniss abzulegen, wofür ihn doch nicht mit Recht der Vorwurf der Niederträchtigkeit und Feigheit treffen kann; denn alsdann dürfte ja überhaupt kein Verbrecher gegen Mitschuldige aussagen, um ja nur nicht mit dem Brandmal der Feigheit und Niederträchtigkeit gezeichnet zu werden. — Die Sache hat jedoch damit noch nicht ihr Ende erreicht! Der Herr *Commentator* sagt nämlich des Weitern: „*Neben seiner Niederträchtigkeit erscheint uns Agnes desto grösser;*" [1]) und: „*Neben seiner Niederträchtigkeit erscheint Agnes fast edel.*" [2]) Bei diesen Aussprüchen erreicht unser Staunen den Höhepunkt, denn Frau *Agnes* für „*sittlich gross*," „*fast edel*" zu halten, ist eine bare Unmöglichkeit. So lange *Agnes* bei Verstand war, gab sie kein Zeichen ihrer sittlichen Grösse und ihres Edelsinnes. Oder war es vielleicht sittlich gross und edel, dass sie den Gatten betrog und sich einen Geliebten hielt? Oder thut sich etwa darin sittliche Grösse und Edelsinn kund, dass sie (um des *Commentators* eigene Worte zu gebrauchen) zulässt, dass der Geliebte den Gatten ermorde? [3]) — So lange Frau *Agnes* bei klarem Verstande war, verrieth sie keine sittliche Grösse und keinen Edels*inn*; später aber, als ihr Geist getrübt war, konnte sie weder sittlich gross, noch edel sein, denn sittliche Grösse und Edelsinn ist nur in einem zurechnungsfähigen Zustande möglich, kann sich nur bei klar bewusstem Handeln offenbaren. — Mitleid, ja Mitleid weckt Frau *Agnes* in uns aufs höchste; wie aber die verrückt gewordene Frau *Agnes* in ihrem unzurechnungsfähigen Zustande als *edle, sittlich grosse* Gestalt erscheinen könne, das begreife, wer da will. — Auch ist es sicherlich ein Missgriff, dass der *Commentator*, um die Frau *Agnes* neben ihrem *niederträchtigen* Liebhaber *gross*, „*fast edel*" erscheinen lassen zu können, zwischen beiden Gestalten eine Parallele zieht und so auch den Leser zwingt, dasselbe zu thun. Dieses nach zwei Seiten Ausschauen, dies Messen und Vergleichen, um zu ermitteln, um wieviel Frau *Agnes sittlich höher* stehe, als ihr Geliebter, und wie *niederträchtig* dieser im Vergleiche mit dem „*fast edlen*" Weibe sei: ist ein unglücklicher Versuch, da er die Wirkung, welche kunstgemäss bis ans Ende gesteigert werden muss, beeinträchtigt. Hätte der Dichter wollen, dass wir zwischen *Agnes* und ihrem Geliebten eine Parallele ziehen, um ihren sittlichen Werth abzuwägen; hätte er unser Herz zwischen Sympathie und Antipathie schwanken lassen wollen: dann hätte er des Geliebten gewiss nicht nur

---

[1]) „*Az ő aljassága mellett annál magasabbnak tűnik föl elöttünk Ágnes.*" („*Arany János balladái. Fejtegeti Greguss Ágost. 1877.*" Siehe S. 128.)

[2]) „*Ennek aljassága mellett ő szinte nemesnek tűnik föl.*" („*Arany János balladái. Magyarázza Greguss Ágost. 1877.*" Siehe S. 63. — „*Zweite Auflage. 1880.*" Siehe S. 84.)

[3]) „*Férjét szeretője által megengedte öletni.*" („*Arany János balladái. Magyarázza Greguss Ágost. 1877.*" Siehe S. 58. — „*Zweite Auflage. 1880.*" Siehe S. 79.)

3*

in vier kurzen Zeilen Erwähnung gethan. — Der Dichter stellt *Agnes* allein in den Vordergrund, während der verbrecherische Geliebte, der uns nichts angeht, ganz im Hintergrund bleibt, damit er auch nicht einen Augenblick unsere Aufmerksamkeit von der Hauptfigur, von *Agnes*, abziehe, damit auch keinen Augenblick das Interesse, welches beim Lesen der Ballade *Agnes* uns abgewinnt, geschmälert werde. Von dem Geliebten sagt der Dichter nur soviel und mit keinem Worte mehr, als uns zu wissen unbedingt nothwendig ist, damit der Blutfleck, den Frau *Agnes* auszuwaschen nicht im Stande ist, vor uns kein Geheimniss bleibe. Darum müssen wir unbedingt erfahren, wer der Mörder ist und ob Agnes *mitschuldig* ist, oder nicht. Und dies ist's, was in den citierten Verszeilen der Geliebte kund thut, dessen der Dichter mit künstlerischem Tacte nur flüchtig erwähnt, so dass wir weder Zeit, noch Gelegenheit haben, mit ihm näher bekannt zu werden und uns mit ihm zu beschäftigen. Frau *Agnes* nimmt uns derart in Anspruch, fesselt unsere Aufmerksamkeit in solchem Masse, dass wir ihren Geliebten als eine ganz untergeordnete Person gar nicht viel bemerken, ihn alsbald vergessen und im ganzen Verlaufe der Ballade nicht mehr an ihn denken.[1]) Dass der Commentator der Ballade ihn unnöthiger Weise in den Vordergrund drängt, widerstreitet dem künstlerischen Streben des Dichters, welches dahin geht, dass im Verlaufe der Ereignisse unsere Gefühle weder getheilt, noch getrennt werden, dass sich dem Bedauern, welches wir für Agnes fühlen, nicht Hass gegen ihren Geliebten beigeselle; sondern dass von Anfang bis zu Ende nur ein einziges Gefühl, nämlich *Mitleid* mit *Agnes*, unser Herz ergreife und erfülle. — Eben darin erblicke ich ein künstlerisches Verdienst der Ballade, dass in ihr ausser dem Mitleid, welches wir um die Hauptperson empfinden, Gefühle, die Nebenpersonen gälten, keinen Platz finden; eben das ist nach meiner Ansicht ein glänzender Vorzug der Ballade, dass sie des Lesers Herz und Sinn nur auf eine Person, auf die Hauptfigur der Ballade, die für ihre Missethat schrecklich büssende Frau *Agnes*, richtet, gleichsam wie auf einen Brennpunkt, der alle Strahlen in sich vereinigt.

Nach dem Gesagten ist es auch leicht einzusehen, warum sich der Dichter in eine detaillirte Beschreibung des Mordes nicht einlassen konnte; denn da wäre die Hauptperson in den Hintergrund getreten und einer Nebenperson, nämlich dem Geliebten der Frau Agnes, als dem eigentlichen Mörder, während der ganzen Schilderung die erste Rolle zugefallen. — Ein andrer u. z. der Hauptgrund, warum der Dichter nicht den Verlauf des Mordes erzählt, darf nicht mit *Greguss* darin gesucht werden, dass der Dichter den Hergang des Mordes, als etwas Hässliches, verschweigen musste, wohingegen der Maler denselben darstellen

---

[1]) Desshalb kommt er auch auf dem zweiten und dritten Bilde *Székely's* gar nicht mehr vor.

durfte, ja dazu gezwungen war.[1]) Eine unrichtigere Behauptung, als diese, lässt sich kaum denken. Wenn der Maler Hässliches zur Darstellung bringen darf, so kann die Darstellung des Hässlichen dem Dichter um so weniger verwehrt sein; denn gerade der Maler ist es, der auf dem Gebiete des Hässlichen, Entsetzlichen, Schrecklichen sich kaum etwas herausnehmen darf, indem er fast einzig und allein auf die Nachbildung des Schönen beschränkt ist; — wohingegen der Dichter, da er nicht wie der Maler ein sinnlich wahrnehmbares, in der einmal erwählten Situation verbleibendes Bild schafft, nicht nur das Schöne, sondern auch (da ihm das ganze unermessliche Reich der Natur zur Nachahmung offen steht) das Hässliche, ja selbst das Schreckliche und Ekelhafte darstellen darf, wie dies schon Lessing in seinem „Laokoon" meisterlich erörterte.[2]) — Dass der Dichter in seiner „Frau Agnes" die Mordthat nicht schildert, hat einen ganz anderen und zwar triftigen Grund, der sich aus der Natur der Ballade selbst ergibt. Die Ballade nämlich (welche „semper ad eventum festinat") nimmt sich nicht die Zeit, etwas zu erzählen, was der Leser ohnedies errathen kann; die Ballade (welche „in medias res non secus ac notas auditorem rapit") duldet nicht, dass etwas erzählt werde, was man auch sonst verstehen kann oder verstehen muss. „Wir leben mit und gewahren Alles, was braucht man uns erst Alles zu sagen? Wir sehen erschütternde Erfolge, wozu bedarfs der langen Erzählung der nothwendig vorausgegangenen Handlungen?" Wenden wir diese trefflichen Worte Echtermeyer's auf die in Rede stehende Ballade an! In dieser wird Folgendes gesagt:

Weisses Leintuch wäscht Frau Agnes
Wäscht es in der reinen Quelle;
Weisses Leintuch, blut'ges Leintuch
Hascht behend die wilde Welle.

Auch die Nachbarweiber nahen:
„Agnes, sag', wo ist dein Gatte?"

---

[1]) „Der Dichter hat diese schrecklichen Dinge als etwas Hässliches verschwiegen; der Maler aber ist gezwungen, sie zu erzählen; ist gezwungen, uns Agnes vor unsern Augen so darzustellen, wie sie den Blutfleck erblickt; ist gezwungen, uns kund zu thun, dass dieser Blutfleck von einem Morde herrührt; und er zeigt uns im Hintergrunde auch den Mörder, wie er den Leichnam hinauszerrt." Dies sind Greguss's eigene Worte. (Siehe: „Johann Arany's Balladen. Erläutert von August Greguss. Budapest. 1877." S. 136.)

[2]) Gottschall äussert sich folgenderweise: „Dass die Hässlichkeit dagegen eher mit dem stückweisen Aufbau der einzelnen Züge in der Poesie geschildert werden kann, dass diese hierin viel weiter gehen darf, als die Malerei; das erklärt sich grade daraus, dass eben die Schlagkraft des hässlichen Bildes durch das Nacheinander der Momente in der Poesie gemildert wird, während sie durch ihr Nebeneinander in der Malerei drastisch hervortritt." („Poetik. Von Rudolf von Gottschall. Erster Band. Fünfte durchgesehene und verbesserte Auflage. Breslau. Verlag von Eduard Trewendt. 1882." Siehe S. 45—46.)

> *Häscher kommen: „Auf Frau Agnes,*
> *Kerkers Gruft wird dich empfangen!"*
> *Vor Gericht erscheint sie artig.*
> *. . . . . Am grünen Tische*
> *Sitzen würdevolle Greise.*
> *Mitleid herrscht im ganzen Kreise.*
> *„Weibchen Agnes, was verbrachst du?*
> *Schrecklich sind ja deine Thaten!*
> *Deine Mitschuld hat der Mörder,*
> *Dein Geliebter, selbst verrathen.*
>
> *An dem Galgen stirbt er morgen,*
> *Der getödtet deinen Gatten;*
> *Dich verbirgt bei Brot und Wasser*
> *Lebenslang des Kerkers Schatten."*

Das sind also die auf den Mord bezüglichen Äusserungen der Ballade selbst. Und sind sie nicht genügend? Liegt nicht der ganze Thatbestand klar vor unsren Augen? Und wenn dem so ist, hätte der Dichter nicht einen Missgriff gethan, wenn er sich zu einer (der Ballade widerstrebenden) weitläufigen Schilderung und Erzählung des Mordes herbeigelassen hätte? Ganz gewiss! Nicht als etwas Hässliches unterliess daher der Dichter die ausführliche Schilderung des Mordes, sondern darum, weil solche Ausführlichkeiten in der Ballade nicht am Platze sind.

Kehren wir nun wieder zum Hauptirrthum des *Commentator's*, nämlich zur angeblichen Schuldlosigkeit der Frau *Agnes* zurück! Ich habe schon dargethan, dass es nicht in der Absicht des Dichters lag, Frau *Agnes* so erscheinen zu lassen, als ob sie an dem Tode ihres Gatten schuldlos wäre; jetzt will ich nachweisen, dass es dem Dichter vom poetischen Standpunkte aus besonders mit Rücksicht auf die Idee des Poëms nicht einmal erlaubt gewesen wäre, in das Bild der Frau *Agnes* solche Züge aufzunehmen, welche den Gedanken an ihre Unschuld aufkommen lassen könnten. Die Idee der Ballade, laut welcher (wie *Greguss* selbst sagt) das Vergehen in sich selbst den Keim der Vergeltung birgt,[1] lässt es nicht zu, dass wir uns *Agnes* an dem Morde schuldlos vorstellen, und jeder Versuch des *Commentators*, Frau *Agnes* sittlich grösser, fast edel, unschuldig, ohne bewussten

---

[1] „*Die Idee des Werkes ist, dass die Sünde in sich selbst den Keim der Vergeltung birgt, und ein einziger Augenblick des Sich-Vergessens unser Leben unglücklich machen kann.*" („*Johann Arany's Balladen. Erläutert von August Greguss. Budapest, 1877.*" S. S. 58. „*Zweite vermehrte u. verbesserte Auflage. Budapest, 1880.*" S. S. 79.) Mit diesen Worten widerlegt sich also der Commentator der Ballade selbst, denn nach diesen seinen eigenen Worten büsst ja Agnes darum so schrecklich, weil sie eine schreckliche Sünde begangen hat; das Bewusstsein dessen, nicht aber das Bewusstsein ihrer angeblichen Unschuld macht sie im höchsten Masse unglücklich. — In Bezug auf

Antheil an der Ermordung des Gatten erscheinen zu lassen, widerstreitet der Idee der Ballade und untergräbt ihr sittliches Fundament, da die schreckliche Bestrafung einer „*unschuldigen* *Agnes* gar nicht gerechtfertigt wäre. Wo Strafe ist, muss auch ein Vergehen sein; Frau *Agnes* erleidet Strafe, sie muss daher *schuldig* sein; wäre sie (wie *Greguss* meint) *nicht* schuldig, wie könnte da ihrer Schuldlosigkeit dennoch Strafe folgen? —

Und Frau Agnes wäscht ihr Leintuch
Für und für nun in der Quelle,
Weisses Leintuch, reines Leintuch
Hascht behend die wilde Welle.

Doch umsonst ist rein der Laken
Und des Blutes Mal verschwunden;
Denn sie schaut's noch so, wie damals
In des Mordes grausen Stunden.

Wie ergreifend schildert der Dichter hier in diesen Zeilen ihre Strafe! — Wäre es nicht eine Absurdität, wenn Frau *Agnes* *unschuldiger* Weise so leiden müsste? wenn sie an dem Blutflecken, der ihre Seele so entsetzlich foltert, *keine Schuld* hätte? wenn sie verdammt wäre, ihr ganzes Leben das Leintuch zu waschen, ohne das Blut herauszubringen, an welchem sie *unschuldig* ist? — Wen würde die furchtbare Marter einer *schuldlosen Agnes* nicht empören? — Müsste nicht eine Ballade, in welcher es wohl eine Grauen erregende Vergeltung, aber kein Vergehen gibt, sowohl ethisches, als auch ästhetisches Missfallen erregen? — —

Früher Morgen, später Abend
Sieht sie dort im Wasser stehen;
Auf der Welle bebt ihr Schatten,
Kraus im Wind die Locken wehen.

Und selbst Nachts, im Mondenscheine
Wenn der Schaum des Wassers flimmert,
Sieht man, wie nach jedem Schlage
Ihr geschwungnes Waschholz schimmert.

Wer kann diese Zeilen ohne innerliche Bewegung lesen? — Wie gross muss ihre Schuld sein, da sie so schrecklich zu büssen hat! — Was für eine unerträgliche Ungerechtigkeit wäre es,

---

die hier citierte Definition der Idee des Gedichtes muss ich eine Bemerkung machen. Nach meiner Ansicht ist die hier angeführte Definition der Idee nicht ganz treffend, da sie im ersten Theile zu allgemein gehalten ist (man vermisst einen wesentlichen Umstand, nämlich die Erwähnung der Macht des bösen Gewissens), indessen der zweite Theil auf *Agnes*, als ein ihrem Gatten untreu gewordenes, ehebrecherisches Weib, gar nicht anwendbar ist. Bei *Agnes* kann von einem einzigen Augenblick des Sich-Vergessens keine Rede sein. Sie musste von Stufe zu Stufe (die Natur macht keine Sprünge!) schon sehr tief gesunken sein, als sie den entsetzlichen Plan zur Beseitigung ihres Gatten mit ihrem Buhlen gemeinschaftlich entwarf.

wenn Frau *Agnes* ohne Schuld so eine fürchterliche Strafe erleiden müsste!

Und von Jahr zu Jahr so geht es,
Winter, Sommer, rastlos wieder:
Sonnengluth verbrennt ihr Antlitz,
Frost erstarrt die schlaffen Glieder.

Grau sind schon die wirren Haare,
Einst so kohlenschwarz, wie Raben,
Fratzenhafte Runzeln hässlich
Sich in ihre Wangen graben.

Und sie wäscht zerfetztes Linnen,
Wäscht es fürder in der Quelle:
Weissen Leintuchs lose Fäden
Hascht behend die wilde Welle.

Die Strafe, welche die griechische Mythe über die grössten Verbrecher (so z. B. über die ebenfalls *gattenmordenden Danaiden*) verhängt, findet man hier im vollen Ausmasse wieder. Auch ihre Arbeit ist eine vergebliche, nie enden wollende. Der Blutflecken, den sie sieht, obgleich er schon längst verschwunden ist, haftet an ihrer Seele, wo er nicht vertilgt werden kann. Sie muss ihn mit sich ins Grab nehmen! — Ein grässliches Verhängniss! — Wenn Frau *Agnes* an dem Tode ihres Gatten (wie *Greguss* meint) keine Schuld trüge, gäbe es da einen vernünftigen Grund für diese (jedweder Hoffnung auf Erlösung entbehrende) Strafe? Und ursächlicher Zusammenhang wird doch auch in der Dichtkunst gefordert; ja, nichts ist anstössiger, als eben das Vermissen desselben.[1]

Setzen wir schliesslich den Fall, dass der *Commentator* der Ballade dennoch Recht hatte, als er behauptete, Frau *Agnes* sei *unschuldig* und ohne *bewussten* Antheil an dem Tode ihres Gatten, und untersuchen wir, ob es für das Gedicht ein Gewinn wäre, wenn sich ihre *Schuldlosigkeit* beweisen liesse? Die Ballade hätte in diesem Falle einen verunglückten Schluss, denn sie würde dann mit einem unerträglichen Missklang, mit einer ungelösten Dissonanz, nämlich mit dem unerklärlichen Untergang der Unschuld, endigen. — Es ist wahr, im menschlichen Leben können derlei ungelöste Dissonanzen vorkommen. Es kann sich ereignen und es ereignet sich auch vielmal, dass Menschen unschuldig leiden, ohne dass für sie je im Leben der Tag der Erlösung, der nämlich ihrem Leiden ein Ende bereiten und ihrer Unschuld zum Triumph verhelfen sollte, anbrechen würde; jedoch, wenn auch die *Welt* oft ungerecht straft, der *Dichter* darf nie ungerecht werden. Der Dichter sei das Ideal der Gerechtigkeit!

---

[1] „*Nichts ist anstössiger, als woron wir uns keine Ursache geben können.*" (*Lessing.*)

Er strafe den Schuldigen, nie aber den Schuldlosen! — Unschuldig leiden kann wohl Jemand auch im Gedichte lange Zeit; der Sieg der Wahrheit kann sich verzögern; das Unrecht kann lange die Herrschaft über das Recht führen: aber die Sonne der Wahrheit, war sie auch zeitweilig verfinstert, muss endlich doch erstrahlen, und das Gedicht muss mit dem sittlichen Triumphe des unschuldig Leidenden enden, wenn er auch körperlich unterginge.

Aus dem Gesagten erhellt, dass die Ballade „Frau Agnes" in dem Masse ein misslungenes Gedicht wäre, in welchem Masse sie in Wirklichkeit ein gelungenes ist, wenn die Schuldlosigkeit der Frau Agnes erwiesen werden könnte. — Freuen wir uns daher, dass der Commentator der Ballade den Beweis schuldig geblieben ist.

* * *

Nur noch ein Wort in Bezug auf das erste Motto! „Das Eine verstand sie, dass man sie in den Kerker zurückführen will; aber was man von ihrem Gatten sagt, befremdet sie. Und was sagt man denn von ihrem Gatten? Man sagt, ihr Geliebter habe ihn ermordet. Agnes versteht dies nicht, und dieses Nichtverstehen beweist ebenfalls, dass sie an dem Morde unschuldig ist." [1] Nichts auf der Welt kann verfehlter sein, als diese Folgerung des Commentators! — Dass Frau Agnes nicht versteht, was man von ihrem Gatten sagt; dass das Gedächtniss sie im Stiche lässt; dass die Begebenheiten jener schrecklichen Nacht nur verwirrt und dunkel vor ihren Augen schweben; dass ihr die ganze Kunde von dem Morde fremd vorkommt; dass sie nicht mehr genügend den ursächlichen Zusammenhang der Dinge sieht; dass sie keinen klaren Begriff von der Beschaffenheit des Verbrechens mehr hat: all das beweist ganz etwas Anderes, als „dass Frau Agnes (wie Greguss meint) an dem Morde unschuldig" ist. — Die angeführten Erscheinungen sprechen alle dafür, dass die Nacht des Wahnsinns bereits auf ihre Seele gesunken, dass ihr Verstand schon verwirrt, ihr Geist schon zerrüttet ist. Auf diese Thatsache, nicht aber auf die *Unschuld* der Frau Agnes weisen die aufgezählten Symptome hin. [2]

---

[1] Das sind *Greguss's* eigene Worte. Siehe: „*Johann Arany's Balladen.* Erläutert von *August Greguss*. Budapest. 1877." S. 64. „Zweite vermehrte und verbesserte Auflage. 1880." S. 85.

[2] Die Richtigkeit dieser ebenso einfachen, wie natürlichen Erklärung bestätigt die tägliche Erfahrung, der zufolge die Kennzeichen einer ausgebrochenen Geisteskrankheit besonders folgende sind: „*Der Geisteskranke zeigt sich in seinem Reden und Benehmen unüberlegt, seine Handlungen sind ohne Grund und Zusammenhang; er hat geringe oder gar keine Begriffe von der Schädlichkeit, Unsittlichkeit oder Strafbarkeit dessen, was er begangen hat. Die Aufmerksamkeit auf Aussendinge und das Gedächtniss ist geschwächt.*" u. s. w. (Siehe: „*Das Buch vom gesunden und kranken Menschen.* Von *Dr. Carl Ernst Bock*. Neunte Auflage. Leipzig. Ernst Keil. 1872. S. 887.) —